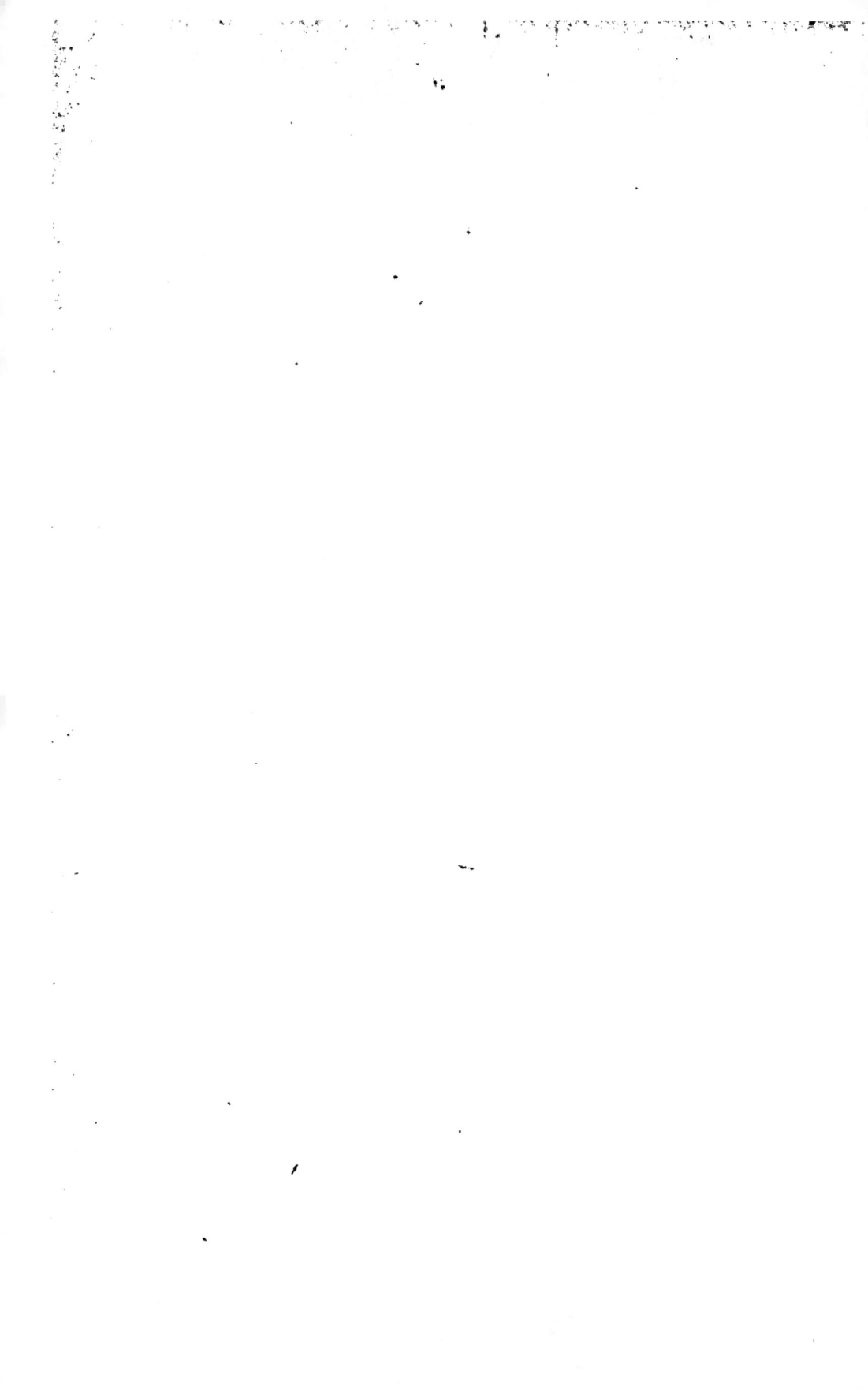

AUGUSTE COMTE

COURS

DE

PHILOSOPHIE POSITIVE

EXTRAIT

A l'usage des Candidats aux baccalauréats

(Leçons I, II, III et X)

PRÉCÉDÉ

D'UN EXPOSÉ SOMMAIRE DE LA VIE ET DE L'ŒUVRE

DU

FONDATEUR DU POSITIVISME

PARIS

LIBRAIRIE CH. DELAGRAVE

15, RUE SOUFFLOT, 15

—

1905

NOUVELLE COLLECTION CLASSIQUE D'OUVRAGES PHILOSOPHIQUES

AUGUSTE COMTE

COURS

DE

PHILOSOPHIE POSITIVE

EXTRAIT

À l'usage des Candidats aux baccalauréats

(Leçons I, II, III et X)

PRÉCÉDÉ

D'UN EXPOSÉ SOMMAIRE DE LA VIE ET DE L'ŒUVRE

DU

FONDATEUR DU POSITIVISME

PARIS

LIBRAIRIE CH. DELAGRAVE

15, RUE SOUFFLOT, 15

1905

OUVRAGES DE PHILOSOPHIE POSITIVE

AVERTISSEMENT

Le Positivisme, si longtemps ignoré ou méconnu, s'impose de plus en plus à l'attention publique à cause de l'influence qu'il exerce, non seulement sur les esprits méditatifs, mais sur les hommes politiques eux-mêmes, dans les divers pays qui, des deux côtés de l'Atlantique, composent ce qu'Auguste Comte appelait la République Occidentale. Il est aujourd'hui manifeste que les idées évoluent rapidement dans le sens positif. Qu'on s'en réjouisse ou qu'on le déplore, qu'on veuille accélérer ou, au contraire, arrêter ce mouvement, il n'est plus permis de s'en désintéresser ; il faut, tout au moins, savoir précisément en quoi il consiste.

Le gouvernement de la République en a jugé ainsi, puisque l'on voit figurer, dans la liste des ouvrages sur lesquels seront interrogés les candidats, soit à l'agrégation de philosophie, soit simplement au baccalauréat, le *Cours de Philosophie positive*, par Auguste Comte.

Cet ouvrage, depuis sa publication par l'auteur, de 1830 à 1842, a eu plusieurs éditions.

On a cru être utile aux élèves des établissements d'enseignement secondaire en mettant à leur portée un opuscule, d'un prix modéré, renfermant seulement les parties du *Cours de Philosophie positive* sur lesquelles ils pourront être interrogés lorsqu'ils auront à subir l'épreuve du baccalauréat, et qui sont toutes contenues dans le tome premier du livre, savoir : deuxième leçon (classification des sciences) ; troisième et dixième leçons (de la méthode en mathématique, et spécialement en géométrie).

Il a paru nécessaire d'y joindre la première leçon (considérations générales sur la nature et l'importance de la Philosophie positive), et de la faire précéder d'un tableau synoptique du cours, qui facilite la lecture de la deuxième leçon. — L'ouvrage se termine par un sommaire des quatre leçons qui le composent.

En outre, on trouvera dans cet opuscule un précis de la vie et la doctrine d'Auguste Comte. Le Positivisme et son Fondateur ont été plus ou moins défigurés dans des écrits faits par des hommes fort honorables et fort distingués, mais souvent insuffisamment renseignés, parfois incompétents, d'aucuns même adversaires déclarés. Beaucoup de ces écrits sont entre les mains des élèves ; aussi, M. Laffitte a-t-il pensé qu'il était à la fois de son devoir et de son droit de rétablir l'exactitude des faits d'après les documents authentiques, sans, d'ailleurs, entrer dans une discussion qui serait évidemment déplacée dans un ouvrage de la nature de celui-ci (Pour plus de détails, consulter les ouvrages indiqués p. 180).

DE LA VIE ET DE L'ŒUVRE

DU

FONDATEUR DU POSITIVISME

(1798-1857)

Qu'est-ce qu'une grande vie ?
— Une pensée de la jeunesse, réalisée par l'âge mur.
(Alfred de VIGNY.)

Les phases de la vie d'Auguste Comte sont si étroitement liées à l'élaboration de sa doctrine qu'il est impossible de les exposer isolément l'une de l'autre. Sa carrière philosophique a été partagée en trois périodes bien distinctes : la première, de *préparation*, de 1816 à 1822 ; la seconde, de *fondation* (*Philosophie positive*), de 1822 à 1842 ; et la troisième enfin, de *constitution* (*Politique positive*), de 1842 jusqu'à sa mort.

Comte (Isidore - Auguste - Marie - François - Xavier) naquit à Montpellier le 19 janvier 1798. Son père, Louis Comte, était caissier à la recette générale du département, et sa mère, née Rosalie Boyer, catholique fervente, partageait les opinions monarchistes de son mari. Placé de bonne heure comme élève interne au lycée de sa ville natale, et soustrait ainsi à l'influence de sa famille, il était, dès l'âge de 14 ans, complètement émancipé des croyances théologiques et se déclarait ouvertement républicain. Très ardent à l'étude, doué d'une mémoire qui émerveillait ses camarades, il avait à 15 ans achevé de la façon la plus brillante ses études littéraires et scientifiques. A la fin de l'année scolaire 1813-1814, il fut reçu à l'École polytechnique, le premier sur la liste de l'examinateur pour le centre et le midi de la France. Il avait dû attendre une année qu'il eût atteint l'âge d'admission, et pendant ce temps il avait, à la demande de son professeur malade, Daniel Encontre, professé, avec le plus grand succès, le cours de mathématiques spéciales à ses condisciples.

Entré à l'École polytechnique en 1814, il s'y perfectionna dans l'étude des sciences mathématiques et physiques sous les professeurs les plus distingués, notamment l'illustre géomètre Poinsot qui devint plus tard son protecteur et son ami.

Mais sa facilité à apprendre lui laissait de grands loisirs, qu'il consacrait à des lectures philosophiques et politiques ; ce qui lui avait donné une maturité précoce qu'élèves et maîtres regardaient comme une exception de nature, et dont lui-même avait conscience.

Le licenciement de l'École en 1816, motivé par un acte collectif d'indiscipline, auquel Auguste Comte avait pris une part active, lui ferma la carrière des services publics. Après quelques mois de séjour à Montpellier, où il suivit les cours de la Faculté de médecine, il revint à Paris malgré l'opposition de ses parents qui lui refusèrent toute assistance ; et, pour vivre, il dut donner des leçons de mathématiques.

Malgré les difficultés matérielles de sa position, Auguste Comte compléta ses études scientifiques, qu'il étendit à la physiologie tout en poursuivant ses recherches et ses méditations favorites sur la philosophie de l'histoire. Esprit éminemment coordinateur, il combina bientôt ces deux séries d'études parallèles et vit clairement la possibilité et la nécessité d'appliquer à la politique la méthode rigoureuse des sciences. En 1818, il entra en relation avec Saint-Simon qui, alors âgé de 58 ans, ayant eu pour précepteur d'Alembert, tenant au xviiie siècle par ses manières et ses opinions philosophiques et au xixe par ses aspirations de rénovation sociale, exerça tout d'abord sur lui une véritable séduction.

Auguste Comte devint son collaborateur et, en cette qualité, écrivit plusieurs articles. Mais ses idées propres se précisant de plus en plus se trouvèrent bientôt en tel désaccord avec celles de Saint-Simon, qu'une rupture devint inévitable. Saint-Simon, resté déiste, songeait à fonder une religion, le *néo-christianisme*. Il pensait, en outre, que les futurs rapports sociaux devaient résulter d'un *Contrat social*, librement consenti, et dont la rédaction incomberait aux savants. Ceux-ci seraient, aussi, chargés d'étudier les projets de réformes et deviendraient, par là, les auxiliaires subordonnés des chefs industriels, à qui seuls il appartiendrait d'entreprendre et de réaliser les améliorations, puisque le pouvoir réel, c'est-à-dire la richesse, est entre leurs mains. On va voir que les idées d'Auguste Comte étaient très différentes. La séparation, qui existait en fait depuis plusieurs années, eut lieu seulement en 1824, longtemps retardée par un sentiment exagéré de déférence chez Comte, qui désormais poursuivit seul ses travaux.

Les premiers écrits philosophiques d'Auguste Comte sont :

1° *Séparation générale entre les opinions et les désirs* (1819).

Il y expose que la politique doit nécessairement devenir une science positive, que les savants seuls peuvent indiquer les moyens de réaliser les réformes auxquelles aspire le public, les gouvernants n'étant compétents que dans l'exécution.

2º *Sommaire appréciation du passé moderne* (avril 1820).

Aux deux éléments constituant le régime du moyen-âge, le pouvoir spirituel théologique et le pouvoir temporel guerrier, se sont graduellement substitués deux éléments connexes, la capacité scientifique et la capacité industrielle qui, en s'organisant, constitueront le régime nouveau.

3º *Plan des travaux scientifiques nécessaires pour réorganiser la société* (mai 1822), réimprimé en 1824 sous le titre, alors prématuré, de *Système de politique positive.*

Il y montre qu'une doctrine organique est devenue nécessaire, puisque celle des rois est rétrograde et celle des peuples anarchique. La réorganisation sera lente ; elle exige deux sortes de travaux, théoriques et pratiques, les premiers devant précéder les seconds et leur servir de base. Les travaux théoriques se divisent en trois séries ayant respectivement pour but : 1º de fonder et constituer la science sociale ; 2º de former le système d'idées générales qui doit guider la société, et le système d'éducation destiné à perfectionner la nature humaine ; 3º de concevoir l'ensemble de l'action industrielle des nations civilisées sur la terre entière pour améliorer les conditions d'existence de l'espèce humaine.

Abordant la première série de ces travaux, Auguste Comte découvre la loi de la marche de l'esprit humain dans tous les ordres de conceptions. Cette loi, dite des trois états (voir la première leçon) est le fondement de la science sociale. Il découvre ensuite l'ordre historique suivant lequel les diverses sciences sont devenues positives ; ce qui est le germe de la philosophie positive.

4º *Considérations philosophiques sur les sciences et les savants* (novembre 1825).

Auguste Comte fait voir que l'ordre historique d'avènement des sciences à l'état positif est celui de généralité décroissante et de complication croissante ; c'est aussi l'ordre suivant lequel elles doivent être enseignées : mathématique, astronomie, physique, chimie, biologie, et finalement physique sociale. La philosophie positive était ainsi conçue dans son ensemble.

Le pouvoir spirituel, dans le régime nouveau, revient nécessairement aux savants, à la condition qu'il se forme parmi eux une nouvelle classe, vouée uniquement aux travaux de physique sociale et de philosophie positive (Voy. 1re leçon, p. 24).

5º *Considérations sur le pouvoir spirituel* (mars 1826). —

Comte s'attache à montrer la nécessité de l'avènement de ce nouveau pouvoir spirituel, d'abord pour remédier aux graves inconvénients actuels, ensuite pour présider à l'installation du régime
nouveau. Il insiste sur le rôle moral qui incombe au pouvoir spirituel : 1º dans les rapports internationaux ; 2º dans les relations de
gouvernants à gouvernés, pour déterminer le degré de sacrifice
que chacun est tenu de faire à l'intérêt public ; 3º dans les conflits
qui tendent à se produire entre les chefs industriels et les ouvriers ; 4º dans le classement social des individus ; 5º dans la
conduite privée, pour soustraire l'individu à l'influence exclusive
des penchants égoïstes (1).

Il annonçait en terminant ce dernier écrit qu'il traiterait ensuite
de l'organisation du pouvoir spirituel ; mais, comme il le déclare
lui-même, il sentit bientôt la nécessité de suspendre cette série
de travaux pour fonder d'abord la doctrine scientifique générale
devant servir de base à l'opinion publique.

En avril 1826, Auguste Comte commença l'exposition de son
Cours de Philosophie positive dont il avait conçu le plan général
dans une méditation continue de quatre-vingts heures. Ce cours
n'eut que trois séances et fut interrompu par une catastrophe.

Comte s'était marié en 1825. Cette union qui fut, a-t-il dit, la
seule faute vraiment grave de sa vie, fut pour lui une source
d'amertumes de toutes sortes et de graves embarras. — Au bout
d'un an de mariage, « par un fatal concours de grandes peines
morales résultées de cette union et de violents excès de travail »,
il éprouva une crise cérébrale des plus vives, qu'un traitement
irrationnel aggrava tout d'abord, mais qui céda peu à peu à d'affectueux soins domestiques. En 1828, il était complètement
rétabli au point de pouvoir écrire l'*Examen du 'raité de
Broussais sur l'Irritation et la Folie,* dans lequel il utilisa son
expérience personnelle, et de publier le plan détaillé du *Cours de
Philosophie positive.* Ce cours fut professé deux fois en 1829 et
1830. — Des savants de premier ordre : Navier, Poinsot, J. Fourier,
Humboldt, de Blainville, Broussais, suivirent ce cours. Au reste,
les précédents ouvrages d'Auguste Comte avaient fait sensation.
Des personnages marquants dans la science, l'industrie et la politique : Flourens, Ternaux, le prince de Beauvau, de La Mennais,
Villèle, Guizot, etc., avaient été frappés de la profondeur des
vues et de la grandeur des projets du jeune philosophe ; plusieurs
le soutinrent de leur active sympathie.

(1) Ces premiers travaux, qu'Auguste Comte fit imprimer en appendice à son grand ouvrage *Système de politique positive,* ont été publiés
en un volume séparé sous le titre de : Auguste Comte. *Opuscules de
philosophie sociale,* Leroux, 1883.

Il fit paraître son premier grand ouvrage, le *Cours de philosophie positive* de 1830 à 1842.

Après avoir montré que les sciences abstraites seules, à l'exclusion des sciences concrètes, peuvent être rangées en série (voir deuxième leçon), Auguste Comte traite successivement de chacune des sciences abstraites dans l'ordre indiqué (voir plus haut). Il en expose d'abord la méthode, puis il en coordonne les diverses branches par une nouvelle application de son principe de classement ; ce qui lui permet de passer d'une manière presque continue d'une science à la suivante, depuis les plus simples notions du calcul jusqu'aux théories physiologiques les plus complexes.

Il aborde ensuite la physique sociale ou « sociologie », montre qu'elle emploie, outre les méthodes des sciences précédentes (observation, expérimentation, comparaison...), une méthode qui lui est propre, celle de *filiation* historique. Cela posé, il forme le tableau de l'évolution de la civilisation, dont il place le berceau dans les théocraties de la Chaldée et de l'Égypte, et fait voir comment en dérivent successivement les civilisations grecque, romaine, catholico-féodale, la phase moderne, et enfin la Révolution française, qui achève la destruction du régime des castes et inaugure les temps nouveaux. La théorie positive de l'organisation sociale n'est qu'ébauchée dans cet ouvrage. Auguste Comte annonce qu'il publiera ultérieurement un traité de sociologie où cette théorie sera complètement exposée ; mais il montre déjà que l'ordre est la condition du progrès et que le progrès n'est que le développement de l'ordre fondamental.

Par la fondation de cette dernière science, Auguste Comte complétait le système des connaissances positives et excluait définitivement des recherches portant sur le monde, l'homme et la société toute explication théologique ou métaphysique.

Cette œuvre magistrale fit une profonde sensation dans le monde des penseurs de la France et de l'Occident européen. Lewes, J.-Stuart Mill, en Angleterre, le comte de Stirum en Hollande, Littré en France, adhérèrent ouvertement à ces idées et se proclamèrent, les deux derniers surtout, disciples d'Auguste Comte. Mais aussi cet ouvrage lui attira, à l'Institut et dans les corps savants, de puissantes inimitiés. Incapable de taire par des considérations d'intérêt personnel ce qu'il pensait être la vérité, Auguste Comte s'était souvent élevé dans ses écrits contre l'Académie des sciences. Il la jugeait rétrograde parce que, vouée au régime des spécialités non coordonnées, elle ne pouvait apprécier que des travaux de détail et devait forcément être réfractaire aux vues d'ensemble, aussi indispensables au développement scientifique qu'à la saine éducation de la jeunesse. Malheureusement pour lui, son existence dépendait de ceux qu'il attaquait. Il avait été nommé en 1832 répétiteur d'analyse et de mécanique à l'École polytechnique, et, en 1836, examinateur d'admission à cette école. Ces deux fonctions lui furent successivement enlevées malgré la résistance ministérielle, celle d'examinateur en 1844, et celle de répétiteur en 1852. Sa candidature à la chaire d'analyse et de mécanique avait d'ailleurs été repoussée à deux reprises. Privé ainsi de ses moyens d'existence, Auguste Comte, dépourvu de toute fortune personnelle, serait mort dans la misère sans le secours de quelques personnes qui appréciaient la valeur de ses travaux, et en dernier lieu, sans l'appui matériel de ses disciples philosophiques qui, sur l'initiative de M. Littré, fondèrent, sous le nom de subside positiviste, une modique souscription annuelle qui le mit à l'abri du besoin.

Après la publication de son *Cours de Philosophie positive,* Auguste Comte écrivit un *Traité de géométrie analytique* (1843), puis un *Traité philosophique d'astronomie populaire,* que précédait un *Discours sur l'esprit positif* (1844). Ce dernier ouvrage était la reproduction du cours public et gratuit qu'il avait commencé à professer en 1830, lors de la fondation, par lui et quelques amis, de l'Association polytechnique. Le cours dura jusqu'en 1848 devant un auditoire composé en majeure partie d'ouvriers dont quelques-uns devinrent ses disciples dévoués.

Auguste Comte s'était séparé définitivement de sa femme en 1842 ; et leurs relations se bornaient au paiement d'une pension qu'il ne cessa de lui servir malgré sa détresse, s'appliquant ainsi à lui-même la règle qu'il avait formulée : l'homme doit nourrir la femme. Il vivait extrêmement retiré, préoccupé presque exclusivement de la destination sociale et politique de sa philosophie, lorsqu'en 1845, il fit la connaissance fortuite d'une jeune dame des plus distinguées avec laquelle il se lia. Cette liaison, de pure amitié, ne dura qu'un an, Mme Clotilde de Vaux étant morte le 5 avril 1846, mais elle eut une influence profonde sur Comte. Il voua un culte quotidien à la mémoire de son amie, lui rapportant, comme à une autre Égérie, le perfectionnement de sa nature morale, surtout sous le rapport de la tendresse.

Cette excitation continuelle des sentiments affectueux, qui, disait-il, avait toujours sommeillé en lui faute d'objet, le conduisit à donner à son œuvre, jusque-là plus particulièrement intellectuelle et politique, un caractère moral et esthétique.

En 1848, il écrivit le *Discours sur l'ensemble du Positivisme* qu'il appréciait à un tel point qu'il disait après son achèvement : « Maintenant je puis mourir, l'essentiel est fait ». Il y déclare que le Positivisme a pour but de généraliser la science réelle et de systématiser l'état social, et que la réorganisation spirituelle doit commencer par les prolétaires et les femmes, qui sauront l'imposer aux autres classes plus ou moins réfractaires. Il met en lumière l'esprit fondamental du Positivisme, sa destination sociale et politique, son efficacité populaire, son influence féminine, son aptitude esthétique. Il le caractérise par la formule « l'amour pour principe, l'ordre pour base et le progrès pour but », le condense dans la conception de l'Humanité, le plus grand des Êtres collectifs réels, source, moyen et but des existences individuelles. Il considère enfin les diverses religions comme des acheminements successifs vers la religion finale et universelle de l'Humanité, qui se résume dans la devise « Vivre pour autrui ».

De 1851 à 1854, Auguste Comte fit paraître le *Système de politique positive instituant la Religion de l'Humanité,* le plus important des ouvrages sortis de sa plume. Le *Discours sur l'ensemble du Positivisme* figure, comme préambule, dans le premier volume ; il y est suivi d'une *Introduction fondamentale,* qui constitue un véritable programme d'enseignement encyclopédique, et dans laquelle on doit signaler notamment la théorie positive des fonctions élémentaires du cerveau. Auguste Comte considère *l'âme* comme l'ensemble des fonctions du cerveau. Ces fonctions, il les répartit en trois groupes, auxquels il donne respectivement les noms de *Cœur* (penchants ou sentiments), *Esprit* et *Caractère :* le cœur pousse, l'esprit éclaire, le caractère réalise. Les penchants sont personnels ou *égoïstes* (intérêt, ambition), ou bien sociaux ou *altruistes* (attachement, vénération, bonté). La morale a pour but la subordination habituelle de l'égoïsme à l'altruisme, sous la sanction de l'opinion. — Le deuxième volume contient la *Statique sociale* ou *Traité abstrait de l'ordre humain.* Comte y donne la théorie positive de chacun des caractères communs à toutes les sociétés : 1º la religion, qui rallie les hommes et règle chacun d'eux ; 2º la propriété, condition de l'existence matérielle ; 3º la famille, élément de toute société ; 4º le langage, qui relie les familles ; 5º le classement social (gouvernants, gouvernés) formant la structure de l'organisme collectif, et les fonctions correspondantes, dont l'ensemble constitue l'*existence* sociale. — Il termine ce traité par la théorie des limites générales de variations propres à l'ordre humain. Ce deuxième volume comblait la lacune essentielle qu'il avait laissé subsister dans son *Cours de Philosophie positive,* où les leçons consacrées à la Physique sociale concernent essentiellement l'évolution.

Le troisième volume contient la *Dynamique sociale* ou *Traité général du progrès humain*. Enfin le quatrième et dernier volume renferme le *Tableau systématique de l'avenir humain :* théorie fondamentale de l'Humanité ; religion universelle et existence normale ; existence affective ou systématisation du culte ; existence théorique ou systématisation du dogme ; existence active ou systématisation du régime ; et enfin tableau de la transition du présent à l'avenir.

Entre la publication du deuxième volume et celle du troisième, Auguste Comte écrivit le *Catéchisme positiviste* ou *Sommaire exposition de la Religion universelle*. On y remarque : 1° la bibliothèque positiviste ou choix des principaux chefs-d'œuvre de l'esprit humain dans tous les genres, dont Auguste Comte recommande la lecture habituelle ; 2° le Calendrier positiviste, divisé en treize mois de vingt-huit jours et commençant au premier jour de l'année 1789, pris pour l'origine de l'ère moderne. Ce Calendrier est, du reste, concret ou abstrait. Dans le premier qui, selon Auguste Comte, ne doit avoir qu'un usage transitoire, les mois, les semaines et les jours sont consacrés aux hommes dont les noms rappellent le mieux les diverses phases de l'évolution sociale. Dans le second, qui serait finalement seul employé, les dates sont désignées par des dénominations rappelant les liens fondamentaux (religieux, politique, conjugal, paternel, filial), les états préparatoires (fétichisme, polythéisme, monothéisme), et les fonctions normales de l'Humanité (le Sacerdoce ou providence intellectuelle, la Femme ou providence morale, le Patriciat ou providence matérielle, le Prolétariat ou providence générale).

En 1855, parut l'*Appel aux conservateurs*, qui se termine par cette formule : Le Positivisme vient remplacer la dévotion par le dévouement.

En 1856, Auguste Comte publia la *Synthèse subjective* ou *Système universel des conceptions propres à l'état normal de l'Humanité*. Cet ouvrage devait se composer de trois parties, dont il ne put écrire que la première, ayant pour titre : *Système de logique positive* ou *Traité de philosophie mathématique*. La seconde partie, dont il n'a laissé que le plan, aurait été un traité de *morale théorique* instituant la connaissance positive de la nature humaine, et de *morale pratique* ou théorie positive de l'éducation. Quant à la troisième partie, on n'en a que le titre, *Système d'industrie positive*, avec de nombreuses indications éparses dans les autres ouvrages.

Auguste Comte mourut le 5 septembre 1857, rue Monsieur-le-Prince, n° 10, où il demeurait depuis seize ans. Son appartement a été conservé par ses disciples dans le même état que du vivant de leur Maître. Il est le siège social du Positivisme.

Comte fut inhumé au cimetière du Père-Lachaise, au lieu qu'il avait choisi. Son tombeau a été édifié d'après les indications de son testament, dont toutes les clauses ont été, d'ailleurs, fidèlement observées, malgré l'opposition de sa veuve, assistée de Littré. Ce dernier, après avoir été pendant longtemps le fervent adepte d'Auguste Comte, s'était depuis quelques années séparé de lui.

Auguste Comte avait chargé de l'exécution de son testament treize de ses disciples, sous la présidence de M. P. Laffitte.

Peu de temps après la mort du Maître, M. Laffitte, sur les instances de ses confrères, accepta la direction du Positivisme, dont il inaugura la propagande qu'il n'a cessé de poursuivre avec un succès toujours grandissant. En même temps, il s'efforça de combler les lacunes que la mort du Fondateur laissait dans la doctrine; notamment celles relatives à la morale positive, qui fut professée plusieurs fois, et finalement publiée par lui, comme science distincte, d'après le plan tracé par Auguste Comte. Il consacra, en outre, trois années de son enseignement à l'Encyclopédie concrète : théorie de la Terre, théorie de l'Humanité, théorie de l'Industrie ou réaction systématique de l'Humanité sur sa planète. Ce cours répond à la troisième partie du *Plan de travaux scientifiques* élaboré par Auguste Comte en 1822, et qui devait faire l'objet du dernier volume de la *Synthèse subjective*. A cette Encyclopédie concrète, M. Laffitte a donné le nom de *Philosophie troisième;* la *Philosophie seconde* comprenant l'ensemble des sciences abstraites, de l'arithmétique à la morale ; et la *Philosophie première,* se composant des quinze lois, énoncées par Comte, propres à toutes les catégories de phénomènes réels. M. Laffitte a publié un *Cours de Philosophie première,* divisé par lui en deux parties : 1º Théorie positive de l'entendement; 2º Lois universelles du monde.

La philosophie positive se trouve ainsi totalement constituée.

On voit par ce rapide exposé, si incomplet qu'il soit, qu'il y a unité complète dans l'œuvre d'Auguste Comte; aussi a-t-on peine à comprendre que des hommes tels que Stuart Mill, en Angleterre, et Littré, en France, aient cru pouvoir partager cette œuvre en deux parties : la *Philosophie positive,* qu'ils déclarent de tous points admirable, et la *Politique positive* qui constituerait, par suite du changement de méthode, un retour à la métaphysique et même à la théologie et dénoterait un lamentable affaiblissement mental.

Si l'on considère que le dernier volume écrit par Comte est un traité de philosophie mathématique traçant un programme détaillé, leçon par leçon, d'enseignement des diverses branches de cette science, sans emploi d'aucun signe ni d'aucune figure, il est impossible d'ajouter foi à cette prétendue déchéance intellectuelle.

On a blâmé Auguste Comte d'avoir abandonné la méthode objective des savants pour la méthode subjective ou *à priori* des théologiens et des métaphysiciens ; cela prouve que ses explications à ce sujet ont été mal comprises. Chacune de ces méthodes a son office propre. La première, seule efficace pour agrandir le cercle de nos connaissances réelles sur le monde, l'homme et la société, devient impuissante lorsqu'il s'agit d'utiliser à notre profit celles que nous possédons déjà. Il faut alors recourir à la méthode subjective, appelée aussi constructive et qui est, en réalité, une forme supérieure de la déduction. Elle consiste à construire mentalement, au moyen des matériaux intellectuels (renseignements, opinions, ...) accumulés par les recherches antérieures, une image anticipée de l'état de choses qui, réalisé, donnerait satisfaction aux besoins intellectuels, moraux, sociaux, ou seulement matériels, auxquels il y a lieu de pourvoir. Et, pour cela, ces matériaux sont choisis et disposés d'après leur convenance avec la destination générale de la construction à édifier. Il va sans dire que l'on doit indiquer, en outre, les moyens à employer pour passer effectivement de l'état actuel à l'état futur. Les conceptions partielles ainsi combinées doivent êtres réelles, sinon l'on aboutirait à une utopie irréalisable, et, de plus, assez nombreuses et diverses pour qu'il n'y ait pas de lacunes dans le système, sinon l'œuvre serait précaire ou insuffisante. Auguste Comte, par la fondation de la science sociale et de la philosophie positive, avait rempli cette double condition ; il pouvait donc employer à son tour la méthode subjective, certain de ne pas commettre les fautes logiques que les théologiens et les métaphysiciens n'avaient pas su ni pu éviter. Pour lui, en effet, les constructions *à priori* ne sont que des hypothèses, que leur convenance ne suffit pas à légitimer ; il veut qu'elles soient toujours vérifiables objectivement, toute conception positive devant être à la fois réelle et utile. Dès lors, le travail intellectuel, qui échappe presque entièrement à la discipline théologique, ressortit naturellement à la morale positive, but de la *Philosophie* de Comte. Il y a donc unité complète dans l'ensemble de son œuvre, de même qu'il y a continuité entre elle et celle de son successeur, M. Pierre Laffitte, à qui l'on peut appliquer la devise que son Maître avait adoptée : *Nil actum reputans, si quid superesset agendum.*

AVERTISSEMENT DE L'AUTEUR

POUR LA PREMIÈRE ÉDITION

DU

COURS DE PHILOSOPHIE POSITIVE

EXTRAIT

L'expression *philosophie positive* étant constamment employée, dans toute l'étendue de ce cours, suivant une acception rigoureusement invariable, il m'a paru superflu de la définir autrement que par l'usage uniforme que j'en ai toujours fait. La première leçon, en particulier, peut être regardée tout entière comme le développement de la définition exacte de ce que j'appelle la *philosophie positive*. Je regrette néanmoins d'avoir été obligé d'adopter, à défaut de tout autre, un terme comme celui de *philosophie*, qui a été si abusivement employé dans une multitude d'acceptions diverses. Mais l'adjectif *positive* par lequel j'en modifie le sens me paraît suffire pour faire disparaître, même au premier abord, toute équivoque essentielle, chez ceux, du moins, qui en connaissent bien la valeur. Je me bornerai donc, dans cet avertissement, à déclarer que j'emploie le mot *philosophie* dans l'acception que lui donnaient les anciens, et particulièrement Aristote, comme désignant le système général des conceptions humaines ; et, en ajoutant le mot *positive*, j'annonce que je considère cette manière spéciale de philosopher qui consiste à envisager les théories, dans quelque ordre d'idées que ce soit, comme ayant pour objet la coordination des faits observés, ce qui constitue le troisième et dernier état de la philosophie générale, primitivement théologique et ensuite métaphysique, ainsi que je l'explique dès la première leçon.

Il y a, sans doute, beaucoup d'analogie entre ma *philosophie positive* et ce que les savants anglais entendent, depuis Newton surtout, par *philosophie naturelle*. Mais je n'ai pas dû choisir cette dernière dénomination, non plus que celle de *philosophie des sciences* qui serait peut-être encore plus précise, parce que l'une et l'autre ne s'entendent pas encore de tous les ordres de phénomènes, tandis que la *philosophie positive*, dans laquelle je comprends l'étude des phénomènes sociaux aussi bien que de tous les autres, désigne une manière uniforme de raisonner applicable à tous les sujets sur lesquels l'esprit humain peut s'exercer. En outre, l'expression *philosophie naturelle* est usitée, en Angleterre, pour désigner l'ensemble des diverses sciences d'observation, considérées jusque dans leurs spécialités les plus détaillées ; au lieu que par *philosophie positive*, comparée à *sciences positives*, j'entends seulement l'étude propre des généralités des différentes sciences, conçues comme soumises à une méthode unique, et comme formant les différentes parties d'un plan général de recherches. Le terme que j'ai été conduit à construire est donc, à la fois, plus étendu et plus restreint que les dénominations, d'ailleurs analogues, quant au caractère fondamental des idées, qu'on pourrait, de prime abord, regarder comme équivalentes.

COURS

DE

PHILOSOPHIE POSITIVE

PREMIÈRE LEÇON

Exposition du but de ce cours, ou considérations générales sur la nature et l'importance de la philosophie positive.

L'objet de cette première leçon est d'exposer nettement le but du cours, c'est-à-dire de déterminer exactement l'esprit dans lequel seront considérées les diverses
branches fondamentales de la philosophie naturelle, indiquées par le programme sommaire que je vous ai présenté.

Sans doute, la nature de ce cours ne saurait être complètement appréciée, de manière à pouvoir s'en former
une opinion définitive, que lorsque les diverses parties
en auront été successivement développées. Tel est l'inconvénient ordinaire des définitions relatives à des systèmes d'idées très étendus, quand elles en precèdent
l'exposition. Mais les généralités peuvent être conçues
sous deux aspects, ou comme aperçu d'une doctrine à
établir, ou comme résumé d'une doctrine établie. Si

1

c'est seulement sous co dernier point de vue qu'elles acquièrent toute leur valeur, elles n'en ont pas moins déjà, sous le premier, une extrême importance, en caractérisant dès l'origine le sujet à considérer. La circonscription générale du champ de nos recherches, tracée avec toute la sévérité possible, est, pour notre esprit, un préliminaire particulièrement indispensable dans une étude aussi vaste et jusqu'ici aussi peu déterminée que celle dont nous allons nous occuper. C'est afin d'obéir à cette nécessité logique que je crois devoir vous indiquer, dès co moment, la série des considérations fondamentales qui ont donné naissance à ce nouveau cours, et qui seront d'ailleurs spécialement développées, dans la suite, avec toute l'extension que réclame la haute importance de chacune d'elles.

Pour expliquer convenablement la véritable nature et le caractère propre de la philosophie positive, il est indispensable de jeter d'abord un coup-d'œil général sur la marche progressive de l'esprit humain, envisagée dans son ensemble : car une conception quelconque ne peut être bien connue que par son histoire.

En étudiant ainsi le développement total de l'intelligence humaine dans ses diverses sphères d'activité, depuis son premier essor le plus simple jusqu'à nos jours, je crois avoir découvert une grande loi fondamentale, à laquelle il est assujetti par une nécessité invariable, et qui me semble pouvoir être solidement établie, soit sur les preuves rationnelles fournies par la connaissance de notre organisation, soit sur les vérifications historiques résultant d'un examen attentif du passé. Cette loi consiste en ce que chacune de nos conceptions principales, chaque branche de nos connaissances, passe successivement par trois états théoriques différents : l'état théologique, ou fictif ; l'état métaphysique, ou abstrait ; l'état scientifique, ou positif. En d'autres termes, l'esprit humain, par sa nature, emploie successivement dans chacune de ses recherches trois méthodes de philosopher, dont le caractère est essentiellement différent et même radicalement opposé : d'abord la méthode théologique, ensuite la méthode métaphysique, et enfin la méthode positive. De là, trois sortes de philosophies, ou de systèmes généraux de conceptions sur l'ensemble des phénomènes, qui s'excluent mutuellement : la première est le point de départ nécessaire de l'intelligence humaine ; la troisième, son état fixe et définitif : la seconde est uniquement destinée à servir de transition.

Dans l'état théologique, l'esprit humain dirigeant essentiellement ses recherches vers la nature intime des êtres, les causes premières et finales de tous les effets qui le frappent, en un mot, vers les connaissances absolues, se représente les phénomènes comme produits par l'action directe et continue d'agents surnaturels plus ou moins nombreux, dont l'intervention arbitraire explique toutes les anomalies apparentes de l'univers.

Dans l'état métaphysique, qui n'est au fond qu'une simple modification générale du premier, les agents surnaturels sont remplacés par des forces abstraites, véritables entités (abstractions personnifiées) inhérentes aux divers êtres du monde, et conçues comme capables d'engendrer par elles-mêmes tous les phénomènes observés, dont l'explication consiste alors à assigner pour chacun l'entité correspondante.

Enfin, dans l'état positif, l'esprit humain reconnaissant l'impossibilité d'obtenir des notions absolues, renonce à chercher l'origine et la destination de l'univers, et à connaître les causes intimes des phénomènes, pour s'attacher uniquement à découvrir, par l'usage bien combiné du raisonnement et de l'observation, leurs lois effectives, c'est-à-dire leurs relations invariables de succession et de similitude. L'explication des faits, réduite alors à ses termes réels, n'est plus désormais que la liaison établie entre les divers phénomènes particuliers et quelques faits généraux, dont les progrès de la science tendent de plus en plus à diminuer le nombre.

Le système théologique est parvenu à la plus haute perfection dont il soit susceptible, quand il a substitué l'action providentielle d'un être unique au jeu varié des nombreuses divinités indépendantes qui avaient été imaginées primitivement. De même, le dernier terme du système métaphysique consiste à concevoir, au lieu des différentes entités particulières, une seule grande entité générale, la *nature,* envisagée comme la source unique de tous les phénomènes. Pareillement, la perfection du système positif, vers laquelle il tend sans cesse, quoiqu'il soit très probable qu'il ne doive jamais l'atteindre, serait de pouvoir se représenter tous les divers phénomènes observables comme des cas particuliers d'un seul fait général, tel que celui de la gravitation, par exemple.

Ce n'est pas ici le lieu de démontrer spécialement cette loi fondamentale du développement de l'esprit hu-

main, et d'en déduire les conséquences les plus importantes. Nous en traiterons directement, avec toute l'extension convenable, dans la partie de ce cours relative à
l'étude des phénomènes sociaux (1). Je ne la considère
maintenant que pour déterminer avec précision le véritable caractère de la philosophie positive, par opposition
aux deux autres philosophies qui ont successivement
dominé, jusqu'à ces derniers siècles, tout notre système
intellectuel. Quant à présent, afin de ne pas laisser
entièrement sans démonstration une loi de cette importance, dont les applications se présenteront fréquemment
dans toute l'étendue de ce cours, je dois me borner à
une indication rapide des motifs généraux les plus sensibles qui peuvent en constater l'exactitude.

En premier lieu, il suffit, ce me semble, d'énoncer
une telle loi, pour que la justesse en soit immédiatement
vérifiée par tous ceux qui ont quelque connaissance approfondie de l'histoire générale des sciences. Il n'en est
pas une seule, en effet, parvenue aujourd'hui à l'état positif, que chacun ne puisse aisément se représenter, dans le
passé, essentiellement composée d'abstractions métaphysiques, et, en remontant encore davantage, tout-à-fait
dominée par les conceptions théologiques. Nous aurons
même malheureusement plus d'une occasion formelle de

(1) Les personnes qui désireraient immédiatement à ce sujet des éclaircissements plus étendus pourront consulter utilement trois articles de
Considérations philosophiques sur les sciences et les savants que j'ai publiés, en novembre 1825, dans un recueil intitulé le *Producteur* (N°* 7, 8
et 10), et surtout la première partie de mon *Système de politique positive*, adressée, en avril 1824, à l'Académie des Sciences, et où j'ai con-
signé, pour la première fois, la découverte de cette loi.

reconnaître, dans les diverses parties de ce cours, que les sciences les plus perfectionnées conservent encore aujourd'hui quelques traces très sensibles de ces deux états primitifs.

Cette révolution générale de l'esprit humain peut d'ailleurs être aisément constatée aujourd'hui, d'une manière très sensible, quoique indirecte, en considérant le développement de l'intelligence individuelle. Le point de départ étant nécessairement le même dans l'éducation de l'individu que dans celle de l'espèce, les diverses phases principales de la première doivent représenter les époques fondamentales de la seconde. Or, chacun de nous, en contemplant sa propre histoire, ne se souvient-il pas qu'il a été successivement, quant à ses notions les plus importantes, *théologien* dans son enfance, *métaphysicien* dans sa jeunesse, et *physicien* dans sa virilité? Cette vérification est facile aujourd'hui pour tous les hommes au niveau de leur siècle.

Mais, outre l'observation directe, générale ou individuelle, qui prouve l'exactitude de cette loi, je dois surtout, dans cette indication sommaire, mentionner les considérations théoriques qui en font sentir la nécessité.

La plus importante de ces considérations, puisée dans la nature même du sujet, consiste dans le besoin, à toute époque, d'une théorie quelconque pour lier les faits, combiné avec l'impossibilité évidente, pour l'esprit humain à son origine, de se former des théories d'après les observations.

Tous les bons esprits répètent, depuis Bacon, qu'il n'y a de connaissances réelles que celles qui reposent sur des faits observés. Cette maxime fondamentale est évidemment incontestable, si on l'applique, comme il convient, à l'état viril de notre intelligence. Mais en se reportant à la formation de nos connaissances, il n'en est pas moins certain que l'esprit humain, dans son état primitif, ne pouvait ni ne devait penser ainsi. Car, si d'un côté toute théorie positive doit nécessairement être fondée sur des observations, il est également sensible, d'un autre côté, que, pour se livrer à l'observation, notre esprit a besoin d'une théorie quelconque. Si, en contemplant les phénomènes, nous ne les rattachions point immédiatement à quelques principes, non-seulement il nous serait impossible de combiner ces observations isolées, et, par conséquent, d'en tirer aucun fruit, mais nous serions même entièrement incapables de les retenir ; et, le plus souvent, les faits resteraient inaperçus sous nos yeux.

Ainsi, pressé entre la nécessité d'observer pour se former des théories réelles, et la nécessité non moins impérieuse de se créer des théories quelconques pour se livrer à des observations suivies, l'esprit humain, à sa naissance, se trouverait enfermé dans un cercle vicieux dont il n'aurait jamais eu aucun moyen de sortir, s'il ne se fût heureusement ouvert une issue naturelle par le développement spontané des conceptions théologiques, qui ont présenté un point de ralliement à ses efforts, et fourni un aliment à son activité. Tel est, indépendamment des hautes considérations sociales qui s'y rattachent et que je ne dois pas même indiquer en ce moment, le motif fondamental qui démontre la nécessité logique du caractère purement théologique de la philosophie primitive.

Cette nécessité devient encore plus sensible en ayant égard à la parfaite convenance de la philosophie théologique avec la nature propre des recherches sur lesquelles l'esprit humain dans son enfance concentre si éminemment toute son activité. Il est bien remarquable, en effet, que les questions les plus radicalement inaccessibles à nos moyens, la nature intime des êtres, l'origine et la fin de tous les phénomènes, soient précisément celles que notre intelligence se propose par-dessus tout dans cet état primitif, tous les problèmes vraiment solubles étant presque envisagés comme indignes de méditations sérieuses. On en conçoit aisément la raison ; car c'est l'expérience seule qui a pu nous fournir la mesure de nos forces ; et, si l'homme n'avait d'abord commencé par en avoir une opinion exagérée, elles n'eussent jamais pu acquérir tout le développement dont elles sont susceptibles. Ainsi l'exige notre organisation. Mais, quoi qu'il en soit, représentons-nous, autant que possible, cette disposition si universelle et si prononcée, et demandons-nous quel accueil aurait reçu à une telle époque, en la supposant formée, la philosophie positive, dont la plus haute ambition est de découvrir les lois des phénomènes, et dont le premier caractère propre est précisément de regarder comme nécessairement interdits à la raison humaine tous ces sublimes mystères, que la philosophie théologique explique, au contraire, avec une si admirable facilité jusque dans leurs moindres détails.

Il en est de même en considérant sous le point de

vue pratique la nature des recherches qui occupent primitivement l'esprit humain. Sous ce rapport, elles offrent à l'homme l'attrait si énergique d'un empire illimité à exercer sur le monde extérieur, envisagé comme entièrement destiné à notre usage, et comme présentant dans tous ses phénomènes des relations intimes et continues avec notre existence. Or, ces espérances chimériques, ces idées exagérées de l'importance de l'homme dans l'univers, que fait naître la philosophie théologique, et que détruit sans retour la première influence de la philosophie positive, sont, à l'origine, un stimulant indispensable, sans lequel on ne pourrait certainement concevoir que l'esprit humain se fût déterminé primitivement à de pénibles travaux.

Nous sommes aujourd'hui tellement éloignés de ces dispositions premières, du moins quant à la plupart des phénomènes, que nous avons peine à nous représenter exactement la puissance et la nécessité de considérations semblables. La raison humaine est maintenant assez mûre pour que nous entreprenions de laborieuses recherches scientifiques, sans avoir en vue aucun but étranger capable d'agir fortement sur l'imagination, comme celui que se proposaient les astrologues ou les alchimistes. Notre activité intellectuelle est suffisamment excitée par le pur espoir de découvrir les lois des phénomènes, par le simple désir de confirmer ou d'infirmer une théorie. Mais il ne pouvait en être ainsi dans l'enfance de l'esprit humain. Sans les attrayantes chimères de l'astrologie, sans les énergiques déceptions de l'alchimie, par exemple, où aurions-nous puisé la constance et l'ardeur nécessaires pour recueillir les longues suites d'observations et d'expériences qui ont, plus tard, servi de fondement aux premières théories positives de l'une et l'autre classe de phénomènes?

Cette condition de notre développement intellectuel a été vivement sentie depuis longtemps par Kepler, pour l'astronomie, et justement appréciée de nos jours par Berthollet, pour la chimie.

On voit donc, par cet ensemble de considérations, que, si la philosophie positive est le véritable état définitif de l'intelligence humaine, celui vers lequel elle a toujours tendu de plus en plus, elle n'en a pas moins dû nécessairement employer d'abord, et pendant une longue suite de siècles, soit comme méthode, soit comme doctrine provisoires, la philosophie théologique; philosophie dont le caractère est d'être spontanée, et, par cela même, la seule possible à l'origine, la seule aussi qui pût offrir à notre esprit naissant un intérêt suffisant. Il est maintenant très facile de sentir que, pour passer de cette philosophie provisoire à la philosophie définitive, l'esprit humain a dû naturellement adopter, comme philosophie transitoire, les méthodes et les doctrines métaphysiques. Cette dernière considération est indispensable pour compléter l'aperçu général de la grande loi que j'ai indiquée.

On conçoit sans peine, en effet, que notre entendement, contraint à ne marcher que par degrés presque insensibles, ne pouvait passer brusquement, et sans intermédiaires, de la philosophie théologique à la philosophie positive. La théologie et la physique sont si profondément incompatibles, leurs conceptions ont un caractère si radicalement opposé, qu'avant de renoncer aux unes pour employer exclusivement les autres, l'intelligence humaine a dû se servir de conceptions intermédiaires, d'un caractère bâtard, propres, par cela même, à opérer graduellement la transition. Telle est la destination naturelle des conceptions métaphysiques : elles n'ont pas d'autre utilité réelle. En substituant, dans l'étude des phénomènes, à l'action surnaturelle directrice une entité correspondante et inséparable, quoique celle-ci ne fût d'abord conçue que comme une émanation de la première, l'homme s'est habitué peu à peu à ne considérer que les faits eux-mêmes, les notions de ces agents métaphysiques ayant été graduellement subtilisées au point de n'être plus, aux yeux de tout esprit droit, que les noms abstraits des phénomènes. Il est impossible d'imaginer par quel autre procédé notre entendement aurait pu passer des considérations franchement surnaturelles aux considérations purement naturelles, du régime théologique au régime positif.

Après avoir ainsi établi, autant que je puis le faire sans entrer dans une discussion spéciale qui serait déplacée en ce moment, la loi générale du développement de l'esprit humain, tel que je le conçois, il nous sera maintenant aisé de déterminer avec précision la nature propre de la philosophie positive ; ce qui est l'objet essentiel de ce discours.

Nous voyons, par ce qui précède, que le caractère fondamental de la philosophie positive est de regarder tous les phénomènes comme assujettis à des *lois* naturelles

invariables, dont la découverte précise et la réduction au
moindre nombre possible sont le but de tous nos efforts,
en considérant comme absolument inaccessible et vide
de sens pour nous la recherche de ce qu'on appelle les
causes, soit premières, soit finales. Il est inutile d'insister beaucoup sur un principe devenu maintenant aussi
familier à tous ceux qui ont fait une étude un peu approfondie des sciences d'observation. Chacun sait, en
effet, que, dans nos explications positives, même les
plus parfaites, nous n'avons nullement la prétention
d'exposer les *causes* génératrices des phénomènes, puisque nous ne ferions jamais alors que reculer la difficulté,
mais seulement d'analyser avec exactitude les circonstances de leur production, et de les rattacher les unes
aux autres par des relations normales de succession et
de similitude.

Ainsi, pour en citer l'exemple le plus admirable, nous
disons que les phénomènes généraux de l'univers sont
expliqués, autant qu'ils puissent l'être, par la loi de
la gravitation newtonienne, parce que, d'un côté, cette
belle théorie nous montre toute l'immense variété des
faits astronomiques, comme n'étant qu'un seul et même
fait envisagé sous divers points de vue; la tendance
constante de toutes les molécules les unes vers les
autres en raison directe de leurs masses, et en raison
inverse des carrés de leurs distances; tandis que, d'un
autre côté, ce fait général nous est présenté comme
une simple extension d'un phénomène qui nous est
éminemment familier, et que, par cela seul, nous regardons comme parfaitement connu, la pesanteur des

corps à la surface de la terre. Quant à déterminer ce que
sont en elles-mêmes cette attraction et cette pesanteur,
quelles en sont les causes, ce sont des questions que
nous regardons tous comme insolubles, qui ne sont plus
du domaine de la philosophie positive, et que nous aban-
donnons avec raison à l'imagination des théologiens, ou
aux subtilités des métaphysiciens. La preuve manifeste
de l'impossibilité d'obtenir de telles solutions, c'est que,
toutes les fois qu'on a cherché à dire à ce sujet quelque
chose de vraiment rationnel, les plus grands esprits
n'ont pu que définir ces deux principes l'un par l'autre,
en disant, pour l'attraction, qu'elle n'est autre chose
qu'une pesanteur universelle, et ensuite, pour la pesanteur, qu'elle consiste simplement dans l'attraction terrestre. De telles explications, qui font sourire quand on
prétend à connaître la nature intime des choses et le
mode de génération des phénomènes, sont cependant
tout ce que nous pouvons obtenir de plus satisfaisant,
en nous montrant comme identiques deux ordres de phénomènes, qui ont été si longtemps regardés comme
n'ayant aucun rapport entre eux. Aucun esprit juste ne
cherche aujourd'hui à aller plus loin.

Il serait aisé de multiplier ces exemples, qui se présenteront en foule dans toute la durée de ce cours, puisque
tel est maintenant l'esprit qui dirige exclusivement les
grandes combinaisons intellectuelles. Pour en citer en
ce moment un seul parmi les travaux contemporains, je
choisirai la belle série de recherches de M. Fourier sur
la théorie de la chaleur. Elle nous offre la vérification
très sensible des remarques générales précédentes. En

effet, dans ce travail, dont le caractère philosophique est
si éminemment positif, les lois les plus importantes et
les plus précises des phénomènes thermologiques se
trouvent dévoilées, sans que l'auteur se soit enquis une
seule fois de la nature intime de la chaleur, sans qu'il
ait mentionné, autrement que pour en indiquer le vide,
la controverse si agitée entre les partisans de la matière
calorifique et ceux qui font consister la chaleur dans les
vibrations d'un éther universel. Et néanmoins les plus
hautes questions, dont plusieurs n'avaient même jamais
été posées, sont traitées dans cet ouvrage, preuve pal-
pable que l'esprit humain, sans se jeter dans des problèmes inabordables, et en se restreignant dans les recherches d'un ordre entièrement positif, peut y trouver
un aliment inépuisable à son activité la plus profonde.

Après avoir caractérisé, aussi exactement qu'il m'est
permis de le faire dans cet aperçu général, l'esprit de la
philosophie positive, que ce cours tout entier est destiné
à développer, je dois maintenant examiner à quelle épo-
·que de sa formation elle est parvenue aujourd'hui, et ce
qui reste à faire pour achever de la constituer.

A cet effet, il faut d'abord considérer que les différentes branches de nos connaissances n'ont pas dû parcourir d'une vitesse égale les trois grandes phases de
leur développement indiquées ci-dessus, ni, par conséquent, arriver simultanément à l'état positif. Il existe,
sous ce rapport, un ordre invariable et nécessaire, que
nos divers genres de conceptions ont suivi et dû suivre
dans leur progression, et dont la considération exacte

est le complément indispensable de la loi fondamentale
énoncée précédemment. Cet ordre sera le sujet spécial
de la prochaine leçon. Qu'il nous suffise, quant à présent,
de savoir qu'il est conforme à la nature diverse des phénomènes, et qu'il est déterminé par leur degré de généralité, de simplicité et d'indépendance réciproque, trois
considérations qui, bien que distinctes, concourent au
même but. Ainsi, les phénomènes astronomiques d'abord,
comme étant les plus généraux, les plus simples, et les
plus indépendants de tous les autres, et successivement,
par les mêmes raisons, les phénomènes de la physique
terrestre proprement dite, ceux de la chimie, et enfin les
phénomènes physiologiques, ont été ramenés à des théories positives.

Il est impossible d'assigner l'origine précise de cette
révolution; car on en peut dire avec exactitude, comme
de tous les autres grands événements humains, qu'elle
s'est accomplie constamment et de plus en plus, particulièrement depuis les travaux d'Aristote et de l'école
d'Alexandrie, et ensuite depuis l'introduction des sciences
naturelles dans l'Europe occidentale par les Arabes. Cependant, vu qu'il convient de fixer une époque pour
empêcher la divagation des idées, j'indiquerai celle du
grand mouvement imprimé à l'esprit humain, il y a deux
siècles, par l'action combinée des préceptes de Bacon,
des conceptions de Descartes, et des découvertes de Galilée, comme le moment où l'esprit de la philosophie positive a commencé à se prononcer dans le monde, en
opposition évidente avec l'esprit théologique et métaphysique. C'est alors, en effet, que les conceptions posi-

tives se sont dégagées nettement de l'alliage supersti-
tieux et scolastique qui déguisait plus ou moins le
véritable caractère de tous les travaux antérieurs.

Depuis cette mémorable époque, le mouvement
d'ascension de la philosophie positive, et le mouvement
de décadence de la philosophie théologique et métaphysique, ont été extrêmement marqués. Ils se sont enfin
tellement prononcés, qu'il est devenu impossible aujourd'hui, à tous les observateurs ayant conscience de
leur siècle, de méconnaître la destination finale de l'intelligence humaine pour les études positives, ainsi que
son éloignement désormais irrévocable pour ces vaines
doctrines et pour ces méthodes provisoires qui ne pouvaient convenir qu'à son premier essor. Ainsi, cette révolution fondamentale s'accomplira nécessairement
dans toute son étendue. Si donc il lui reste encore
quelque grande conquête à faire, quelque branche principale du domaine intellectuel à envahir, on peut être
certain que la transformation s'y opérera, comme elle
s'est effectuée dans toutes les autres. Car il serait évidemment contradictoire de supposer que l'esprit humain,
si disposé à l'unité de méthode, conservât indéfiniment,
pour une seule classe de phénomènes, sa manière primitive de philosopher, lorsqu'une fois il est arrivé à
adopter pour tout le reste une nouvelle marche philosophique, d'un caractère absolument opposé.

Tout se réduit donc à une simple question de fait : la
philosophie positive, qui, dans les deux derniers
siècles, a pris graduellement une si grande extension,
embrasse-t-elle aujourd'hui tous les ordres de phéno-

mènes? Il est évident que cela n'est point, et que, par conséquent, il reste encore une grande opération scientifique à exécuter pour donner à la philosophie positive ce caractère d'universalité, indispensable à sa constitution définitive.

En effet, dans les quatre catégories principales de phénomènes naturels énumérées tout à l'heure, les phénomènes astronomiques, physiques, chimiques et physiologiques, on remarque une lacune essentielle relative aux phénomènes sociaux, qui, bien que compris implicitement parmi les phénomènes physiologiques, méritent, soit par leur importance, soit par les difficultés propres à leur étude, de former une catégorie distincte. Ce dernier ordre de conceptions, qui se rapporte aux phénomènes les plus particuliers, les plus compliqués, et les plus dépendants de tous les autres, a dû nécessairement, par cela seul, se perfectionner plus lentement que tous les précédents, même sans avoir égard aux obstacles plus spéciaux que nous considérerons plus tard. Quoi qu'il en soit, il est évident qu'il n'est point encore entré dans le domaine de la philosophie positive. Les méthodes théologiques et métaphysiques qui, relativement à tous les autres genres de phénomènes, ne sont plus maintenant employées par personne, soit comme moyen d'investigation, soit même seulement comme moyen d'argumentation, sont encore, au contraire, exclusivement usitées, sous l'un et l'autre rapport, pour tout ce qui concerne les phénomènes sociaux, quoique leur insuffisance à cet égard soit déjà pleinement sentie par tous les bons esprits, lassés de ces

vaines contestations interminables entre le droit divin
et la souveraineté du peuple.

Voilà donc la grande, mais évidemment la seule lacune qu'il s'agit de combler pour achever de constituer
la philosophie positive. Maintenant que l'esprit humain
a fondé la physique céleste, la physique terrestre, soit
mécanique, soit chimique ; la physique organique, soit
végétale, soit animale, il lui reste à terminer le système
des sciences d'observation en fondant la *physique sociale*. Tel est aujourd'hui, sous plusieurs rapports capitaux, le plus grand et le plus pressant besoin de notre
intelligence : tel est, j'ose le dire, le premier but de ce
cours, son but spécial.

Les conceptions que je tenterai de présenter relativement à l'étude des phénomènes sociaux, et dont j'es-
père que ce discours laisse déjà entrevoir le germe, ne
sauraient avoir pour objet de donner immédiatement à
la physique sociale le même degré de perfection qu'aux
branches antérieures de la philosophie naturelle, ce qui
serait évidemment chimérique, puisque celles-ci offrent
déjà entre elles à cet égard une extrême inégalité,
d'ailleurs inévitable. Mais elles seront destinées à imprimer à cette dernière classe de nos connaissances ce
caractère positif déjà pris par toutes les autres. Si cette
condition est une fois réellement remplie, le système
philosophique des modernes sera enfin fondé dans son
ensemble; car aucun phénomène observable ne saurait
évidemment manquer de rentrer dans quelqu'une des
cinq grandes catégories dès lors établies des phénomènes astronomiques, physiques, chimiques, physiolo-

giques et sociaux. Toutes nos conceptions fondamentales étant devenues homogènes, la philosophie sera définitivement constituée à l'état positif; sans jamais pouvoir changer de caractère, il ne lui restera qu'à se développer indéfiniment par les acquisitions toujours croissantes qui résulteront inévitablement de nouvelles observations ou de méditations plus profondes. Ayant acquis par là le caractère d'universalité qui lui manque encore, la philosophie positive deviendra capable de se substituer entièrement, avec toute sa supériorité naturelle, à la philosophie théologique et à la philosophie métaphysique, dont cette universalité est aujourd'hui la seule propriété réelle, et qui, privées d'un tel motif de préférence, n'auront plus pour nos successeurs qu'une existence historique.

Le but spécial de ce cours étant ainsi exposé, il est aisé de comprendre son second but, son but général, ce qui en fait un cours de philosophie positive, et non pas seulement un cours de physique sociale.

En effet, la fondation de la physique sociale complétant enfin le système des sciences naturelles, il devient possible et même nécessaire de résumer les diverses connaissances acquises, parvenues alors à un état fixe et homogène, pour les coordonner en les présentant comme autant de branches d'un tronc unique, au lieu de continuer à les concevoir seulement comme autant de corps isolés. C'est à cette fin qu'avant de procéder à l'étude des phénomènes sociaux je considérerai successivement, dans l'ordre encyclopédique annoncé plus haut, les différentes sciences positives déjà formées.

Il est superflu, je pense, d'avertir qu'il ne saurait être question ici d'une suite de cours spéciaux sur chacune des branches principales de la philosophie naturelle. Sans parler de la durée matérielle d'une entreprise semblable, il est clair qu'une pareille prétention serait insoutenable de ma part, et je crois pouvoir ajouter de la part de qui que ce soit, dans l'état actuel de l'éducation humaine. Bien au contraire, un cours de la nature de celui-ci exige, pour être convenablement entendu, une série préalable d'études spéciales sur les diverses sciences qui y seront envisagées. Sans cette condition, il est bien difficile de sentir et impossible de juger les réflexions philosophiques dont ces sciences seront les sujets. En un mot, c'est un *Cours de philosophie positive,* et non de sciences positives, que je me propose de faire. Il s'agit uniquement ici de considérer chaque science fondamentale dans ses relations avec le système positif tout entier, et quant à l'esprit qui la caractérise, c'est-à-dire, sous le double rapport de ses méthodes essentielles et de ses résultats principaux. Le plus souvent même je devrai me borner à mentionner ces derniers d'après les connaissances spéciales pour tâcher d'apprécier leur importance.

Afin de résumer les idées relativement au double but de ce cours, je dois faire observer que les deux objets, l'un spécial, l'autre général, que je me propose, quoique distincts en eux-mêmes, sont nécessairement inséparables. Car, d'un côté, il serait impossible de concevoir un cours de philosophie positive sans la fondation de la physique sociale ; puisqu'il manque-

rait alors d'un élément essentiel, et que, par cela
seul, les conceptions ne sauraient avoir ce caractère de
généralité qui doit en être le principal attribut, et qui
distingue notre étude actuelle de la série des études spéciales. D'un autre côté, comment procéder avec sûreté
à l'étude positive des phénomènes sociaux, si l'esprit
n'est d'abord préparé par la considération approfondie
des méthodes positives déjà jugées pour les phénomènes
moins compliqués, et muni, en outre, de la connaissance
des lois principales des phénomènes antérieurs, qui toutes influent, d'une manière plus ou moins directe, sur
les faits sociaux ?

Bien que toutes les sciences fondamentales n'inspi-
rent pas aux esprits vulgaires un égal intérêt, il n'en est
aucune qui doive être négligée dans une étude comme
celle que nous entreprenons. Quant à leur importance
pour le bonheur de l'espèce humaine, toutes sont certainement équivalentes, lorsqu'on les envisage d'une manière approfondie. Celles, d'ailleurs, dont les résultats
présentent, au premier abord, un moindre intérêt pratique, se recommandent éminemment, soit par la plus
grande perfection de leurs méthodes, soit comme étant
le fondement indispensable de toutes les autres. C'est
une considération sur laquelle j'aurai spécialement occasion de revenir dans la prochaine leçon.

Pour prévenir, autant que possible, toutes les fausses
interprétations qu'il est légitime de craindre sur la nature d'un cours aussi nouveau que celui-ci, je dois ajouter sommairement aux explications précédentes quelques considérations directement relatives à cette

universalité de connaissances spéciales, que des juges irréfléchis pourraient regarder comme la tendance de ce cours, et qui est envisagée à si juste raison comme tout-à-fait contraire au véritable esprit de la philosophie positive. Ces considérations auront, d'ailleurs, l'avantage plus important de présenter cet esprit sous un nouveau point de vue, propre à achever d'en éclaircir la notion générale.

Dans l'état primitif de nos connaissances il n'existe aucune division régulière parmi nos travaux intellectuels ; toutes les sciences sont cultivées simultanément par les mêmes esprits. Ce mode d'organisation des études humaines, d'abord inévitable et même indispensable, comme nous aurons lieu de le constater plus tard, change peu à peu, à mesure que les divers ordres de conceptions se développent. Par une loi dont la nécessité est évidente, chaque branche du système scientifique se sépare insensiblement du tronc, lorsqu'elle a pris assez d'accroissement pour comporter une culture isolée, c'est-à-dire quand elle est parvenue à ce point de pouvoir occuper à elle seule l'activité permanente de quelques intelligences. C'est à cette répartition des diverses sortes de recherches entre différents ordres de savants, que nous devons évidemment le développement si remarquable qu'a pris enfin de nos jours chaque classe distincte des connaissances humaines, et qui rend manifeste l'impossibilité, chez les modernes, de cette universalité de recherches spéciales, si facile et si commune dans les temps antiques. En un mot, la division du travail intellectuel, perfectionnée de plus en plus, est un des attributs caractéristiques les plus importants de la philosophie positive.

Mais, tout en reconnaissant les prodigieux résultats de cette division, tout en voyant désormais en elle la véritable base fondamentale de l'organisation générale du monde savant, il est impossible, d'un autre côté, de n'être pas frappé des inconvénients capitaux qu'elle engendre, dans son état actuel, par l'excessive particularité des idées qui occupent exclusivement chaque intelligence individuelle. Ce fâcheux effet est sans doute inévitable jusqu'à un certain point, comme inhérent au principe même de la division ; c'est-à-dire que, par aucune mesure quelconque, nous ne parviendrons jamais à égaler sous ce rapport les anciens, chez lesquels une telle supériorité ne tenait surtout qu'au peu de développement de leurs connaissances. Nous pouvons néanmoins, ce me semble, par des moyens convenables, éviter les plus pernicieux effets de la spécialité exagérée, sans nuire à l'influence vivifiante de la séparation des recherches. Il est urgent de s'en occuper sérieusement ; car ces inconvénients, qui, par leur nature, tendent à s'accroître sans cesse, commencent à devenir très sensibles. De l'aveu de tous, les divisions, établies pour la plus grande perfection de nos travaux, entre les diverses branches de la philosophie naturelle, sont finalement artificielles. N'oublions pas que, nonobstant cet aveu, il est déjà bien petit dans le monde savant le nombre des intelligences embrassant dans leurs conceptions l'ensemble même d'une science unique, qui n'est cependant à son tour qu'une partie d'un grand tout. La plupart se bornent déjà entièrement à la considération isolée d'une section plus ou moins étendue d'une science déterminée, sans s'occuper beaucoup de la relation de ces travaux particuliers avec le système général des connaissances positives. Hâtons-nous de remédier au mal, avant qu'il soit devenu plus grave. Craignons que l'esprit humain ne finisse par se perdre dans les travaux de détail. Ne nous dissimulons pas que c'est là essentiellement le côté faible par lequel les partisans de la philosophie théologique et de la philosophie métaphysique peuvent encore attaquer avec quelque espoir de succès la philosophie positive.

Le véritable moyen d'arrêter l'influence délétère dont l'avenir intellectuel semble menacé, par suite d'une trop grande spécialisation des recherches individuelles, ne saurait être, évidemment, de revenir à cette antique confusion de travaux, qui tendrait à faire rétrograder l'esprit humain, et qui est, d'ailleurs, aujourd'hui heureusement devenue impossible. Il consiste, au contraire, dans le perfectionnement de la division du travail elle-même. Il suffit, en effet, de faire de l'étude des généralités scientifiques une grande spécialité de plus. Qu'une classe nouvelle de savants, préparés par une éducation convenable, sans se livrer à la culture spéciale d'aucune branche particulière de la philosophie naturelle, s'occupe uniquement, en considérant les diverses sciences positives dans leur état actuel, à déterminer exactement l'esprit de chacune d'elles, à découvrir leurs relations et leur enchaînement, à résumer, s'il est possible, tous leurs principes propres en un moindre nombre de prin-

cipes communs, en se conformant sans cesse aux maximes fondamentales de la méthode positive. Qu'en même
temps, les autres savants, avant de se livrer à leurs spécialités respectives, soient rendus aptes désormais, par
une éducation portant sur l'ensemble des connaissances
positives, à profiter immédiatement des lumières ré-
pandues par ces savants voués à l'étude des généralités,
et réciproquement à rectifier leurs résultats, état de choses dont les savants actuels se rapprochent visiblement
de jour en jour. Ces deux grandes conditions une fois
remplies, il est évident qu'elles peuvent l'être, la division du travail dans les sciences sera poussée, sans aucun danger, aussi loin que le développement des divers
ordres de connaissance l'exigera. Une classe distincte,
incessamment contrôlée par toutes les autres, ayant
pour fonction propre et permanente de lier chaque nouvelle découverte particulière au système général, on
n'aura plus à craindre qu'une trop grande attention
donnée aux détails empêche jamais d'apercevoir l'ensemble. En un mot, l'organisation moderne du monde
savant sera dès lors complètement fondée, et n'aura
qu'à se développer indéfiniment, en conservant toujours
le même caractère.

Former ainsi de l'étude des généralités scientifiques
une section distincte du grand travail intellectuel, c'est
simplement étendre l'application du même principe de
division qui a successivement séparé les diverses spécialités; car, tant que les différentes sciences positives ont
été peu développées, leurs relations mutuelles ne pouvaient avoir assez d'importance pour donner lieu, au

moins d'une manière permanente, à une classe particulière de travaux, et en même temps la nécessité de cette nouvelle étude était bien moins urgente. Mais aujourd'hui chacune des sciences a pris séparément assez d'extension pour que l'examen de leurs rapports mutuels puisse donner lieu à des travaux suivis, en même temps que ce nouvel ordre d'études devient indispensable pour prévenir la dispersion des conceptions humaines.

Telle est la manière dont je conçois la destination de la philosophie positive dans le système général des sciences positives proprement dites. Tel est, du moins, le but de ce cours.

Maintenant que j'ai essayé de déterminer, aussi exactement qu'il m'a été possible de le faire, dans ce premier aperçu, l'esprit général d'un cours de philosophie positive, je crois devoir, pour imprimer à ce tableau tout son caractère, signaler rapidement les principaux avantages généraux que peut avoir un tel travail, si les conditions essentielles en sont convenablement remplies, relativement aux progrès de l'esprit humain. Je réduirai ce dernier ordre de considérations à l'indication de quatre propriétés fondamentales.

Premièrement l'étude de la philosophie positive, en considérant les résultats de l'activité de nos facultés intellectuelles, nous fournit le seul vrai moyen rationnel de mettre en évidence les lois logiques de l'esprit humain, qui ont été recherchées jusqu'ici par des voies si peu propres à les dévoiler.

Pour expliquer convenablement ma pensée à cet

égard, je dois d'abord rappeler une conception philosophique de la plus haute importance, exposée par M. de
Blainville dans la belle introduction de ses *Principes
généraux d'anatomie comparée*. Elle consiste en ce que
tout être actif, et spécialement tout être vivant, peut
être étudié, dans tous ses phénomènes, sous deux rapports fondamentaux, sous le rapport statique et sous le
rapport dynamique, c'est-à-dire comme apte à agir et
comme agissant effectivement. Il est clair, en effet, que
toutes les considérations qu'on pourra présenter rentre-
ront nécessairement dans l'un ou l'autre mode. Appli-
quons cette lumineuse maxime fondamentale à l'étude
des fonctions intellectuelles.

Si l'on envisage ces fonctions sous le point de vue
statique, leur étude ne peut consister que dans la
détermination des conditions organiques dont elles
dépendent ; elle forme ainsi une partie essentielle de
l'anatomie et de la physiologie. En les considérant sous
le point de vue dynamique, tout se réduit à étudier la
marche effective de l'esprit humain en exercice, par
l'examen des procédés réellement employés pour obtenir
les diverses connaissances exactes qu'il a déjà acquises,
ce qui constitue essentiellement l'objet général de la
philosophie positive, ainsi que je l'ai définie dans ce
discours. En un mot, regardant toutes les théories scientifiques comme autant de grands faits logiques, c'est
uniquement par l'observation approfondie de ces faits
qu'on peut s'élever à la connaissance des lois logiques.

Telles sont évidemment les deux seules voies géné-

rales, complémentaires l'une de l'autre, par lesquelles
on puisse arriver à quelques notions rationnelles véritables sur les phénomènes intellectuels. On voit que,
sous aucun rapport, il n'y a place pour cette psychologie illusoire, dernière transformation de la théologie,
qu'on tente si vainement de ranimer aujourd'hui, et
qui, sans s'inquiéter ni de l'étude physiologique de nos
organes intellectuels, ni de l'observation des procédés
rationnels qui dirigent effectivement nos diverses recherches scientifiques, pr'tend arriver à la découverte
des lois fondamentales de l'esprit humain, en le contemplant en lui-même, c'est-à-dire en faisant complètement abstraction et des causes et des effets.

La prépondérance de la philosophie positive est successivement devenue telle depuis Bacon ; elle a pris aujourd'hui, indirectement, un si grand ascendant sur les
esprits même qui sont demeurés les plus étrangers à
son immense développement, que les métaphysiciens
livrés à l'étude de notre intelligence n'ont pu espérer de
ralentir la décadence de leur prétendue science qu'en se
ravisant pour présenter leurs doctrines comme étant
aussi fondées sur l'observation des faits. A cette fin, ils
ont imaginé, dans ces derniers temps, de distinguer, par
une subtilité fort singulière, deux sortes d'observations
d'égale importance, l'une extérieure, l'autre intérieure,
et dont la dernière est uniquement destinée à l'étude des
phénomènes intellectuels. Ce n'est point ici le lieu
d'entrer dans la discussion spéciale de ce sophisme fondamental. Je dois me borner à indiquer la considération
principale qui prouve clairement que cette prétendue

contemplation directe de l'esprit par lui-même est une pure illusion.

On croyait, il y a encore peu de temps, avoir expliqué la vision, en disant que l'action lumineuse des corps détermine sur la rétine des tableaux représentatifs des formes et des couleurs extérieures. A cela les physiologistes ont objecté avec raison que, si c'était comme *images* qu'agissaient les impressions lumineuses, il faudrait un autre œil pour les regarder. N'en est-il pas encore plus fortement de même dans le cas présent ?

Il est sensible, en effet, que, par une nécessité invincible, l'esprit humain peut observer directement tous les phénomènes, excepté les siens propres. Car, par qui serait faite l'observation ? On conçoit, relativement aux phénomènes moraux, que l'homme puisse s'observer lui-même sous le rapport des passions qui l'animent, par cette raison anatomique, que les organes qui en sont le siège sont distincts de ceux destinés aux fonctions observatrices. Encore même que chacun ait eu occasion de faire sur lui de telles remarques, elles ne sauraient évidemment avoir jamais une grande importance scientifique, et le meilleur moyen de connaître les passions sera-t-il toujours de les observer en dehors; car tout état de passion très prononcé, c'est-à-dire précisément celui qu'il serait le plus essentiel d'examiner, est nécessairement incompatible avec l'état d'observation. Mais, quant à observer de la même manière les phénomènes intellectuels pendant qu'ils s'exécutent, il y a impossibilité manifeste. L'individu pensant ne saurait se partager en deux, dont l'un raisonnerait, tandis que l'autre regarderait raisonner. L'organe observé et l'organe observateur étant, dans ce cas, identiques, comment l'observation pourrait-elle avoir lieu?

Cette prétendue méthode psychologique est donc radicalement nulle dans son principe. Aussi, considérons à quels procédés profondément contradictoires elle conduit immédiatement! D'un côté, on vous recommande de vous isoler, autant que possible, de toute sensation extérieure, il faut surtout vous interdire tout travail intellectuel; car, si vous étiez seulement occupés à faire le calcul le plus simple, que deviendrait l'observation *intérieure?* D'un autre côté, après avoir, enfin, à force de précautions, atteint cet état parfait de sommeil intellectuel, vous devrez vous occuper à contempler les opérations qui s'exécuteront dans votre esprit lorsqu'il ne s'y passera plus rien! Nos descendants verront sans doute de telles prétentions transportées un jour sur la scène.

Les résultats d'une aussi étrange manière de procéder sont parfaitement conformes au principe. Depuis deux mille ans que les métaphysiciens cultivent ainsi la psychologie, ils n'ont pu encore convenir d'une seule proposition intelligible et solidement arrêtée. Ils sont, même aujourd'hui, partagés en une multitude d'écoles qui disputent sans cesse sur les premiers éléments de leurs doctrines. L'*observation intérieure* engendre presque autant d'opinions divergentes qu'il y a d'individus croyant s'y livrer.

Les véritables savants, les hommes voués aux études positives, en sont encore à demander vainement à ces

psychologues de citer une seule découverte réelle,
grande ou petite, qui soit due à cette méthode si vantée.
Ce n'est pas à dire pour cela que tous leurs travaux aient
été absolument sans aucun résultat relativement aux progrès généraux de nos connoissances, indépendamment
du service éminent qu'ils ont rendu en soutenant l'activité de notre intelligence, à l'époque où elle ne pouvait
pas avoir d'aliment plus substantiel. Mais on peut affir-
mer que tout ce qui, dans leurs écrits, ne consiste pas,
suivant la judicieuse expression d'un illustre philosophe
positif (M. Cuvier), en métaphores prises pour des raisonnements, et présente quelque notion véritable, au
lieu de provenir de leur prétendue méthode, a été ob-
tenu par des observations effectives sur la marche de
l'esprit humain, auxquelles a dû donner naissance, de
temps à autre, le développement des sciences. Encore
même, ces notions si clair-semées, proclamées avec tant
d'emphase, et qui ne sont dues qu'à l'infidélité des psychologues à leur prétendue méthode, se trouvent-elles
le plus souvent ou fort exagérées, ou très incomplètes,
et bien inférieures aux remarques déjà faites sans os-
tentation par les savants sur les procédés qu'ils emploient. Il serait aisé d'en citer des exemples frappants,
si je ne craignais d'accorder ici trop d'extension à une
telle discussion : voyez, entre autres, ce qui est arrivé
pour la théorie des signes.

Les considérations que je viens d'indiquer, relativement à la science logique, sont encore plus manifestes,
quand on les transporte à l'art logique.

En effet, lorsqu'il s'agit, non-seulement de savoir ce

que c'est que la méthode positive, mais d'en avoir une
connaissance assez nette et assez profonde pour en
pouvoir faire un usage effectif, c'est en action qu'il faut
la considérer; ce sont les diverses grandes applications
déjà vérifiées que l'esprit humain en a faites qu'il convient d'étudier. En un mot, ce n'est évidemment que par
l'examen philosophique des sciences qu'il est possible
d'y parvenir. La méthode n'est pas susceptible d'être
étudiée séparément des recherches où elle est employée;
ou, du moins, ce n'est là qu'une étude morte, incapable
de féconder l'esprit qui s'y livre. Tout ce qu'on en peut
dire de réel, quand on l'envisage abstraitement, se réduit à des généralités tellement vagues qu'elles ne sauraient avoir aucune influence sur le régime intellectuel.
Lorsqu'on a bien établi, en thèse logique, que toutes
nos connaissances doivent être fondées sur l'observation, que nous devons procéder tantôt des faits aux
principes, et tantôt des principes aux faits, et quelques
autres aphorismes semblables, on connaît beaucoup
moins nettement la méthode que celui qui a étudié,
d'une manière un peu approfondie, une seule science
positive, même sans intention philosophique. C'est pour
avoir méconnu ce fait essentiel que nos psychologues
sont conduits à prendre leurs rêveries pour de la
science, croyant comprendre la méthode positive pour
avoir lu les préceptes de Bacon ou le discours de Descartes.

J'ignore si, plus tard, il deviendra possible de faire
à priori un véritable cours de méthode tout-à-fait indé-
pendant de l'étude philosophique des sciences; mais je

suis bien convaincu que cela est inexécutable aujour-
d'hui, les grands procédés logiques ne pouvant encore
être expliqués avec la précision suffisante séparément
de leurs applications. J'ose ajouter, en outre, que lors
même qu'une telle entreprise pourrait être réalisée dans
la suite, ce qui, en effet, se laisse concevoir, ce ne serait
jamais néanmois que par l'étude des applications régulières des procédés scientifiques qu'on pourrait parvenir
à se former un bon système d'habitudes intellectuelles ;
ce qui est pourtant le but essentiel de l'étude de la méthode. Je n'ai pas besoin d'insister davantage en ce
moment sur un sujet qui reviendra fréquemment dans
toute la durée de ce cours, et à l'égard duquel je pré-
senterai spécialement de nouvelles considérations dans
la prochaine leçon.

Tel doit être le premier grand résultat direct de la
philosophie positive, la manifestation par expérience
des lois que suivent dans leur accomplissement nos fonctions intellectuelles, et, par suite, la connaissance précise des règles générales convenables pour procéder sû-
rement à la recherche de la vérité.

Une seconde conséquence, non moins importante, et
d'un intérêt bien plus pressant, qu'est nécessairement
destiné à produire aujourd'hui l'établissement de la philosophie positive définie dans ce discours, c'est de présider à la refonte générale de notre système d'éducation.

En effet, déjà les bons esprits reconnaissent unani-
mement la nécessité de remplacer notre éducation
européenne, encore essentiellement théologique, méta-

physique et littéraire, par une éducation *positive,* conforme à l'esprit de notre époque, et adaptée aux besoins de la civilisation moderne. Les tentatives variées qui se sont multipliées de plus en plus depuis un siècle, particulièrement dans ces derniers temps, pour répandre et pour augmenter sans cesse l'instruction positive, et auxquelles les divers gouvernements européens se sont toujours associés avec empressement quand ils n'en ont pas pris l'initiative, témoignent assez que, de toutes parts, se développe le sentiment spontané de cette nécessité. Mais, tout en secondant autant que possible ces utiles entreprises, on ne doit pas se dissimuler que, dans l'état présent de nos idées, elles ne sont nullement susceptibles d'atteindre leur but principal, la régénération fondamentale de l'éducation générale. Car la spécialité exclusive, l'isolement trop prononcé qui caractérisent encore notre manière de concevoir et de cultiver les sciences, influent nécessairement à un haut degré sur la manière de les exposer dans l'enseignement. Qu'un bon esprit veuille aujourd'hui étudier les principales branches de la philosophie naturelle, afin de se former un système général d'idées positives, il sera obligé d'étudier séparément chacune d'elles d'après le même mode et dans le même détail que s'il voulait devenir spécialement ou astronome, ou chimiste, etc.; ce qui rend une telle éducation presque impossible et nécessairement fort imparfaite, même pour les plus hautes intelligences placées dans les circonstances les plus favorables. Une telle manière de procéder serait donc tout-à-fait chimérique, relativement à l'éducation géné-

rale. Et néanmoins celle-ci exige absolument un ensemble de conceptions positives sur toutes les grandes classes de phénomènes naturels. C'est un tel ensemble qui
doit devenir désormais, sur une échelle plus ou moins
étendue, même dans les masses populaires, la base permanente de toutes les combinaisons humaines ; qui doit,
en un mot, constituer l'esprit général de nos descendants. Pour que la philosophie naturelle puisse achever
la régénération, déjà si préparée, de notre système intellectuel, il est donc indispensable que les différentes
sciences dont elle se compose, présentées à toutes les
intelligences comme les diverses branches d'un tronc
unique, soient réduites d'abord à ce qui constitue leur
esprit, c'est-à-dire, à leurs méthodes principales et à
leurs résultats les plus importants. Ce n'est qu'ainsi que
l'enseignement des sciences peut devenir parmi nous la
base d'une nouvelle éducation générale vraiment rationnelle. Qu'ensuite à cette instruction foundamentale s'a-
joutent les diverses études scientifiques spéciales, correspondantes aux diverses éducations spéciales qui doivent succéder à l'éducation générale, cela ne peut évidemment être mis en doute. Mais la considération essentielle que j'ai voulu indiquer ici consiste en ce que toutes ces spécialités, même péniblement accumulées, seraient nécessairement insuffisantes pour renouveler
réellement le système de notre éducation, si elles ne re-
posaient sur la base préalable de cet enseignement général, résultat direct de la philosophie positive définie
dans ce discours.

Non seulement l'étude spéciale des généralités scien-

tifiques est destinée à réorganiser l'éducation, mais elle
doit aussi contribuer aux progrès particuliers des diverses sciences positives; ce qui constitue la troisième
propriété fondamentale que je me suis proposé de signaler.

En effet, les divisions que nous établissons entre nos
sciences, sans être arbitraires, comme quelques-uns le
croyent, sont essentiellement artificielles. En réalité, le
sujet de toutes nos recherches est un ; nous ne le parta-
geons que dans la vue de séparer les difficultés pour les
mieux résoudre. Il en résulte plus d'une fois que, con-
trairement à nos répartitions classiques, des questions
importantes exigeraient une certaine combinaison de
plusieurs points de vue spéciaux, qui ne peut guère avoir
lieu dans la constitution actuelle du monde savant; ce
qui expose à laisser ces problèmes sans solution beaucoup plus longtemps qu'il ne serait nécessaire. Un tel
inconvénient doit se présenter surtout pour les doctrines
les plus essentielles de chaque science positive en particulier. On en peut citer aisément des exemples très marquants, que je signalerai soigneusement, à mesure que
le développement naturel de ce cours nous les présentera.

J'en pourrais citer, dans le passé, un exemple éminemment mémorable, en considérant l'admirable conception
de Descartes relative à la géométrie analytique. Cette
découverte fondamentale, qui a changé la face de la
science mathématique, et dans laquelle on doit voir le
véritable germe de tous les grands progrès ultérieurs,
qu'est-elle autre chose que le résultat d'un rapproche-

ment établi entre deux sciences, conçues jusqu'alors d'une manière isolée? Mais l'observation sera plus décisive en la faisant porter sur des questions encore pendantes.

Je me bornerai ici à choisir dans la chimie la doctrine si importante des proportions définies. Certainement, la mémorable discussion élevée de nos jours, relativement au principe fondamental de cette théorie, ne saurait encore, quelles que soient les apparences, être regardée comme irrévocablement terminée. Car, ce n'est pas là, ce me semble, une simple question de chimie. Je crois pouvoir avancer que, pour obtenir à cet égard une décision vraiment définitive, c'est-à-dire, pour déterminer si nous devons regarder comme une loi de la nature que les molécules se combinent nécessairement en nombres fixes, il sera indispensable de réunir le point de vue chimique avec le point de vue physiologique. Ce qui l'indique, c'est que, de l'aveu même des illustres chimistes qui ont le plus puissamment contribué à la formation de cette doctrine, on peut dire tout au plus qu'elle se vérifie constamment dans la composition des corps inorganiques ; mais elle se trouve au moins aussi constamment en défaut dans les composés organiques, auxquels il semble jusqu'à présent tout-à-fait impossible de l'étendre. Or, avant d'ériger cette théorie en un principe réellement fondamental, ne faudra-t-il pas d'abord s'être rendu compte de cette immense exception? Ne tiendrait-elle pas à ce même caractère général, propre à tous les corps organisés, qui fait que, dans aucun de leurs phénomènes, il n'y a lieu à concevoir des nombres inva-

riables? Quoi qu'il en soit, un ordre tout nouveau de considérations, appartenant également à la chimie et à la
physiologie, est évidemment nécessaire pour décider
finalement, d'une manière quelconque, cette grande
question de philosophie naturelle.

Je crois convenable d'indiquer encore ici un second
exemple de même nature, mais qui, se rapportant à un
sujet de recherches bien plus particulier, est encore plus
concluant pour montrer l'importance spéciale de la philosophie positive dans la solution des questions qui exi-
gent la combinaison de plusieurs sciences. Je le prends
aussi dans la chimie. Il s'agit de la question encore indé-
cise, qui consiste à déterminer si l'azote doit être regardé, dans l'état présent de nos connaissances, comme
un corps simple ou comme un corps composé. Vous
savez par quelles considérations purement chimiques
l'illustre Berzélius est parvenu à balancer l'opinion de
presque tous les chimistes actuels, relativement à la simplicité de ce gaz. Mais ce que je ne dois pas négliger de
faire particulièrement remarquer, c'est l'influence exer-
cée à ce sujet sur l'esprit de M. Berzélius, comme il en
fait lui-même le précieux aveu, par cette observation
physiologique, que les animaux qui se nourrissent de
matières non azotées renferment dans la composition de
leurs tissus tout autant d'azote que les animaux carni-
vores. Il est clair, en effet, d'après cela, que pour décider réellement si l'azote est ou non un corps simple, il
faudra nécessairement faire intervenir la physiologie, et
combiner avec les considérations chimiques proprement
dites une série de recherches neuves sur la relation

entre la composition des corps vivants et leur mode
d'alimentation.

Il serait maintenant superflu de multiplier davantage
les exemples de ces problèmes de nature multiple, qui ne
sauraient être résolus que par l'intime combinaison de
plusieurs sciences cultivées aujourd'hui d'une manière
tout à fait indépendante. Ceux que je viens de citer suffisent pour faire sentir, en général, l'importance de la
fonction que doit remplir dans le perfectionnement de
chaque science naturelle en particulier la philosophie
positive, immédiatement destinée à organiser d'une
manière permanente de telles combinaisons, qui ne
pourraient se former convenablement sans elle.

Enfin, une quatrième et dernière propriété fondamentale que je dois faire remarquer dès ce moment dans ce
que j'ai appelé la philosophie positive, et qui doit sans
doute lui mériter plus que toute autre l'attention générale, puisqu'elle est aujourd'hui la plus importante pour
la pratique, c'est qu'elle peut être considérée comme la
seule base solide de la réorganisation sociale qui doit
terminer l'état de crise dans lequel se trouvent depuis si
longtemps les nations les plus civilisées. La dernière
partie de ce cours sera spécialement consacrée à établir
cette proposition, en la développant dans toute son
étendue. Mais l'esquisse générale du grand tableau que
j'ai entrepris d'indiquer dans ce discours manquerait
d'un de ses éléments les plus caractéristiques, si je né-
gligeais de signaler ici une considération aussi essentielle.

Quelques réflexions bien simples suffiront pour justi-

fier ce qu'une telle qualification paraît d'abord présenter
de trop ambitieux.

Ce n'est pas aux lecteurs de cet ouvrage que je croi-
rai jamais devoir prouver que les idées gouvernent et
bouleversent le monde, ou, en d'autres termes, que tout
le mécanisme social repose finalement sur des opinions.
Ils savent surtout que la grande crise politique et morale des sociétés actuelles tient, en dernière analyse, à
l'anarchie intellectuelle. Notre mal le plus grave consiste, en effet, dans cette profonde divergence qui existe
maintenant entre tous les esprits relativement à toutes
les maximes fondamentales dont la fixité est la première
condition d'un véritable ordre social. Tant que les intelligences individuelles n'auront pas adhéré par un assentiment unanime à un certain nombre d'idées générales
capables de former une doctrine sociale commune, on
ne peut se dissimuler que l'état des nations restera, de
toute nécessité, essentiellement révolutionnaire, malgré
tous les palliatifs politiques qui pourront être adoptés,
et ne comportera réellement que des institutions provisoires. Il est également certain que si cette réunion des
esprits dans une même communion de principes peut
une fois être obtenue, les institutions convenables en
découleront nécessairement, sans donner lieu à aucune se-
cousse grave, le plus grand désordre étant déjà dissipé
par ce seul fait. C'est donc là que doit se porter principalement l'attention de tous ceux qui sentent l'importance d'un état de choses vraiment normal.

Maintenant, du point de vue élevé où nous ont placés
graduellement les diverses considérations indiquées

dans ce discours, il est aisé à la fois et de caractériser
nettement dans son intime profondeur l'état présent des
sociétés, et d'en déduire par quelle voie on peut le changer essentiellement. En me rattachant à la loi fondamentale énoncée au commencement de ce discours, je
crois pouvoir résumer exactement toutes les observations relatives à la situation actuelle de la société, en disant simplement que le désordre actuel des intelligences
tient, en dernière analyse, à l'emploi simultané des
trois philosophies radicalement incompatibles : la philosophie théologique, la philosophie métaphysique et la
philosophie positive. Il est clair, en effet, que si l'une
quelconque de ces trois philosophies obtenait en réalité
une prépondérance universelle et complète, il y aurait
un ordre social déterminé, tandis que le mal consiste
surtout dans l'absence de toute véritable organisation.
C'est la co-existence de ces trois philosophies opposées
qui empêche absolument de s'entendre sur aucun point
essentiel. Or, si cette manière de voir est exacte, il ne
s'agit plus que de savoir laquelle des trois philosophies
peut et doit prévaloir par la nature des choses; tout
homme sensé devra ensuite, quelles qu'aient pu être,
avant l'analyse de la question, ses opinions particulières, s'efforcer de concourir à son triomphe. La recherche étant une fois réduite à ces termes simples, elle
ne paraît pas devoir rester longtemps incertaine; car il
est évident, par toutes sortes de raisons dont j'ai indiqué dans ce discours quelques-unes des principales, que
la philosophie positive est seule destinée à prévaloir selon le cours ordinaire des choses. Seule elle a été, de-

puis une longue suite de siècles, constamment en progrès, tandis que ses antagonistes ont été constamment
en décadence. Que ce soit à tort ou à raison, peu importe ; le fait général est incontestable, et il suffit. On
peut le déplorer, mais non le détruire, ni par conséquent
le négliger, sous peine de ne se livrer qu'à des spéculations illusoires. Cette révolution générale de l'esprit
humain est aujourd'hui presque entièrement accomplie :
il ne reste plus, comme je l'ai expliqué, qu'à compléter
la philosophie positive en y comprenant l'étude des
phénomènes sociaux, et ensuite à la résumer en un seul
corps de doctrine homogène. Quand ce double travail sera
suffisamment avancé, le triomphe définitif de la philosophie positive aura lieu spontanément et rétablira
l'ordre dans la société. La préférence si prononcée que
presque tous les esprits, depuis les plus élevés jusqu'aux plus vulgaires, accordent aujourd'hui aux connaissances positives sur les conceptions vagues et mys-
tiques, présage assez l'accueil que recevra cette philosophie, lorsqu'elle aura acquis la seule qualité qui lui
manque encore, un caractère de généralité convenable.

En résumé, la philosophie théologique et la philosophie métaphysique se disputent aujourd'hui la tâche,
trop supérieure aux forces de l'une et de l'autre, de
réorganiser la société : c'est entre elles seules que sub-
siste encore la lutte, sous ce rapport. La philosophie positive n'est intervenue jusqu'ici dans la contestation que
pour les critiquer toutes deux, et elle s'en est assez bien
acquittée pour les discréditer entièrement. Mettons-la
enfin en état de prendre un rôle actif, sans nous inquiéter

plus longtemps de débats devenus inutiles. Complétant la
vaste opération intellectuelle commencée par Bacon, par
Descartes et par Galilée, construisons directement le système d'idées générales que cette philosophie est désormais destinée à faire indéfiniment prévaloir dans l'espèce
humaine, et la crise révolutionnaire qui tourmente les
peuples civilisés sera essentiellement terminée.

Tels sont les quatre points de vue principaux sous
lesquels j'ai cru devoir indiquer dès ce moment l'influence salutaire de la philosophie positive, pour servir
de complément essentiel à la définition générale que j'ai
essayé d'en exposer.

Avant de terminer, je désire appeler un instant l'attention sur une dernière réflexion qui me semble convenable pour éviter, autant que possible, qu'on se forme
d'avance une opinion erronée de la nature de ce cours.

En assignant pour but à la philosophie positive de
résumer en un seul corps de doctrine homogène l'ensemble des connaissances acquises, relativement aux
différents ordres de phénomènes naturels, il était loin
de ma pensée de vouloir procéder à l'étude générale de
ces phénomènes en les considérant tous comme des
effets divers d'un principe unique, comme assujettis à
une seule et même loi. Quoique je doive traiter spécialement cette question dans la prochaine leçon, je crois
devoir, dès à présent, en faire la déclaration, afin de
prévenir les reproches très mal fondés que pourraient
m'adresser ceux qui, sur un faux aperçu, classeraient
ce cours parmi ces tentatives d'explication universelle
qu'on voit éclore journellement de la part d'esprits

entièrement étrangers aux méthodes et aux connaissances scientifiques. Il ne s'agit ici de rien de semblable ; et le développement de ce cours en fournira la preuve manifeste à tous ceux chez lesquels les éclaircissements contenus dans ce discours auraient pu laisser quelques doutes à cet égard.

Dans ma profonde conviction personnelle, je considère ces entreprises d'explication universelle de tous les phénomènes par une loi unique comme éminemment chimériques, même quand elles sont tentées par les intelligences les plus compétentes. Je crois que les moyens de l'esprit humain sont trop faibles, et l'univers trop compliqué pour qu'une telle perfection scientifique soit jamais à notre portée, et je pense, d'ailleurs, qu'on se forme généralement une idée très exagérée des avantages qui en résulteraient nécessairement, si elle était possible. Dans tous les cas, il me semble évident que, vu l'état présent de nos connaissances, nous en sommes encore beaucoup trop loin pour que de telles tentatives puissent être raisonnables avant un laps de temps considérable. Car, si on pouvait espérer d'y parvenir, ce ne pourrait être, suivant moi, qu'en rattachant tous les phénomènes naturels à la loi positive la plus générale que nous connaissions, la loi de la gravitation, qui lie déjà tous les phénomènes astronomiques à une partie de ceux de la physique terrestre. Laplace a exposé effectivement une conception par laquelle on pourrait ne voir dans les phénomènes chimiques que de simples effets moléculaires de l'attraction newtonienne, modifiée par la figure et la position mutuelle des atomes

Mais, outre l'indétermination dans laquelle resterait probablement toujours cette conception, par l'absence des données essentielles relatives à la constitution intime des corps, il est presque certain que la difficulté de l'appliquer serait telle, qu'on serait obligé de maintenir, comme artificielle, la division aujourd'hui établie comme naturelle entre l'astronomie et la chimie. Aussi Laplace n'a-t-il présenté cette idée que comme un simple jeu philosophique, incapable d'exercer réellement aucune influence utile sur les progrès de la science chimique. Il y a plus, d'ailleurs ; car, même en supposant vaincue cette insurmontable difficulté, on n'aurait pas encore atteint à l'unité scientifique, puisqu'il faudrait ensuite tenter de rattacher à la même loi l'ensemble des phénomènes physiologiques ; ce qui, certes, ne serait pas la partie la moins difficile de l'entreprise. Et, néanmoins, l'hypothèse que nous venons de parcourir serait, tout bien considéré, la plus favorable à cette unité si désirée.

Je n'ai pas besoin de plus grands détails pour achever de convaincre que le but de ce cours n'est nullement de présenter tous les phénomènes naturels comme étant au fond identiques, sauf la variété des circonstances. La philosophie positive serait sans doute plus parfaite s'il pouvait en être ainsi. Mais cette condition n'est nullement nécessaire à sa formation systématique, non plus qu'à la réalisation des grandes et heureuses conséquences que nous l'avons vue destinée à produire, il n'y a d'unité indispensable pour cela que l'unité de méthode, laquelle peut et doit évidemment exister, et se trouve déjà établie en majeure partie. Quant à la doctrine, il n'est pas nécessaire qu'elle soit une ; il suffit qu'elle soit homogène. C'est donc sous le double point de vue de l'unité des méthodes et de l'homogénéité des doctrines que nous considérons, dans ce cours, les différentes classes de théories positives. Tout en tendant à diminuer, le plus possible, le nombre des lois générales nécessaires à l'explication positive des phénomènes naturels, ce qui est, en effet, le but philosophique de la science, nous regarderons comme téméraire d'aspirer jamais, même pour l'avenir le plus éloigné, à les réduire rigoureusement à une seule.

J'ai tenté, dans ce discours, de déterminer, aussi exactement qu'il a été en mon pouvoir, le but, l'esprit et l'influence de la philosophie positive. J'ai donc marqué le terme vers lequel ont toujours tendu et tendront sans cesse tous mes travaux, soit dans ce cours, soit de toute autre manière. Personne n'est plus profondément convaincu que moi de l'insuffisance de mes forces intellectuelles, fussent-elles même très supérieures à leur valeur réelle, pour répondre à une tâche aussi vaste et aussi élevée. Mais ce qui ne peut être fait ni par un seul esprit, ni en une seule vie, un seul peut le proposer nettement. Telle est toute mon ambition.

Ayant exposé le véritable but de ce cours, c'est-à-dire fixé le point de vue sous lequel je considérerai les diverses branches principales de la philosophie naturelle, je compléterai, dans la leçon prochaine, ces prolégomènes généraux, en passant à l'exposition du plan, c'est-à-dire à la détermination de l'ordre encyclopédique qu'il convient d'établir entre les diverses classes des phénomènes naturels, et par conséquent entre les sciences positives correspondantes.

DEUXIÈME LEÇON

Exposition du plan de ce cours, ou considérations générales sur la hiérarchie des sciences positives.

Après avoir caractérisé aussi exactement que possible, dans la leçon précédente, les considérations à présenter dans ce cours sur toutes les branches principales de la philosophie naturelle, il faut déterminer maintenant le plan que nous devons suivre, c'est-à-dire la classification rationnelle la plus convenable à établir entre les différentes sciences positives fondamentales, pour les étudier successivement sous le point de vue que nous avons fixé. Cette seconde discussion générale est indispensable pour achever de faire connaître dès l'origine le véritable esprit de ce cours.

On conçoit aisément d'abord qu'il ne s'agit pas ici de faire la critique, malheureusement trop facile, des nombreuses classifications qui ont été proposées successivement depuis deux siècles, pour le système général des connaissances humaines, envisagé dans toute son étendue. On est aujourd'hui bien convaincu que toutes les échelles encyclopédiques construites, comme celles de Bacon et de d'Alembert, d'après une distinction quelconque des diverses facultés de l'esprit humain, sont par cela seul radicalement vicieuses, même quand cette dis-

tinction n'est pas, comme il arrive souvent, plus subtile
que réelle ; car, dans chacune de ses sphères d'activité,
notre entendement emploie simultanément toutes ses
facultés principales. Quant à toutes les autres classifications proposées, il suffira d'observer que les différentes
discussions élevées à ce sujet ont eu pour résultat définitif de montrer dans chacune des vices fondamentaux,
tellement qu'aucune n'a pu obtenir un assentiment unanime, et qu'il existe à cet égard presque autant d'opinions
que d'individus. Ces diverses tentatives ont même été, en
général, si mal conçues, qu'il en est résulté involontairement dans la plupart des bons esprits une prévention
défavorable contre toute entreprise de ce genre.

Sans nous arrêter davantage sur un fait si bien constaté, il est plus essentiel d'en rechercher la cause. Or,
on peut aisément s'expliquer la profonde imperfection
de ces tentatives encyclopédiques, si souvent renou-
velées jusqu'ici. Je n'ai pas besoin de faire observer que,
depuis le discrédit général dans lequel sont tombés les
travaux de cette nature par suite du peu de solidité des
premiers projets, ces classifications ne sont conçues le
plus souvent que par des esprits presque entièrement
étrangers à la connaissance des objets à classer. Sans
avoir égard à cette considération personnelle, il en est
une beaucoup plus importante, puisée dans la nature
même du sujet, et qui montre clairement pourquoi il n'a
pas été possible jusqu'ici de s'élever à une conception
encyclopédique véritablement satisfaisante. Elle consiste dans le défaut d'homogénéité qui a toujours existé
jusqu'à ces derniers temps entre les différentes parties

du système intellectuel, les unes étant successivement
devenues positives, tandis que les autres restaient théologiques ou métaphysiques. Dans un état de choses
aussi incohérent, il était évidemment impossible d'établir aucune classification rationnelle. Comment parvenir
à disposer, dans un système unique, des conceptions
aussi profondément contradictoires? C'est une difficulté
contre laquelle sont venus échouer nécessairement tous
les classificateurs, sans qu'aucun l'ait aperçue distinctement. Il était bien sensible néanmoins, pour quiconque
eût bien connu la véritable situation de l'esprit humain,
qu'une telle entreprise était prématurée, et qu'elle ne
pourrait être tentée avec succès que lorsque toutes nos
conceptions principales seraient devenues positives.

Cette condition fondamentale pouvant maintenant
être regardée comme remplie, d'après les explications
données dans la leçon précédente, il est dès lors possible
de procéder à une disposition vraiment rationnelle et
durable d'un système dont toutes les parties sont enfin
devenues homogènes.

D'un autre côté, la théorie générale des classifications,
établie dans ces derniers temps par les travaux philosophiques des botanistes et des zoologistes, permet
d'espérer un succès réel dans un semblable travail, en
nous offrant un guide certain par le véritable principe
fondamental de l'art de classer, qui n'avait jamais été
conçu distinctement jusqu'alors. Ce principe est une
conséquence nécessaire de la seule application directe
de la méthode positive à la question même des classifications, qui, comme toute autre, doit être traitée par

observation, au lieu d'être résolue par des considérations *à priori*. Il consiste en ce que la classification doit
ressortir de l'étude même des objets à classer, et être
déterminée par les affinités réelles et l'enchaînement
naturel qu'ils présentent, de telle sorte que cette classification soit elle-même l'expression du fait le plus
général, manifesté par la comparaison approfondie des
objets qu'elle embrasse.

Appliquant cette règle fondamentale au cas actuel,
c'est donc d'après la dépendance mutuelle qui a lieu
effectivement entre les diverses sciences positives que
nous devons procéder à leur classification ; et cette dépendance, pour être réelle, ne peut résulter que de celle
des phénomènes correspondants.

Mais avant d'exécuter, dans un tel esprit d'observation, cette importante opération encyclopédique, il est
indispensable, pour ne pas nous égarer dans un travail
trop étendu, de circonscrire avec plus de précision que
nous ne l'avons fait jusqu'ici le sujet propre de la classification proposée.

Tous les travaux humains sont, ou de spéculation, ou
d'action. Ainsi, la division la plus générale de nos connaissances réelles consiste à les distinguer en théoriques
et pratiques. Si nous considérons d'abord cette première
division, il est évident que c'est seulement des connaissances théoriques qu'il doit être question dans un
cours de la nature de celui-ci ; car il ne s'agit point
d'observer le système entier des notions humaines, mais
uniquement celui des conceptions fondamentales sous
les divers ordres de phénomènes, qui fournissent une

base solide à toutes nos autres combinaisons quelconques, et qui ne sont, à leur tour, fondées sur aucun système intellectuel antécédent. Or, dans un tel travail, c'est la spéculation qu'il faut considérer, et non l'application, si ce n'est en tant que celle-ci peut éclaircir la première. C'est là probablement ce qu'entendait Bacon, quoique fort imparfaitement, par cette *philosophie première* qu'il indique comme devant être extraite de l'ensemble des sciences, et qui a été si diversement et toujours si étrangement conçue par les métaphysiciens qui ont entrepris de commenter sa pensée.

. Sans doute, quand on envisage l'ensemble complet des travaux de tout genre de l'espèce humaine, on doit concevoir l'étude de la nature comme destinée à fournir 'a véritable base rationnelle de l'action de l'homme sur la nature, puisque la connaissance des lois des phénomènes, dont le résultat constant est de nous les faire prévoir, peut seule évidemment nous conduire, dans la vie active, à les modifier à notre avantage les uns par les autres. Nos moyens naturels et directs pour agir sur les corps qui nous entourent sont extrêmement faibles, et tout-à-fait disproportionnés à nos besoins. Toutes les fois que nous parvenons à exercer une grande action, c'est seulement parce que la connaissance des lois naturelles nous permet d'introduire, parmi les circonstances déterminées sous l'influence desquelles s'accomplissent les divers phénomènes, quelques éléments modificateurs, qui, quelque faibles qu'ils soient en eux-mêmes, suffisent, dans certains cas, pour faire tourner à notre satisfaction les résultats définitifs de l'ensemble des

causes extérieures. En résumé, *science, d'où prévoyance;
prévoyance, d'où action :* telle est la formule très simple
qui exprime, d'une manière exacte, la relation générale
de la *science* et de l'*art,* en prenant ces deux expressions
dans leur acception totale.

Mais, malgré l'importance capitale de cette relation,
qui ne doit jamais être méconnue, ce serait se former
des sciences une idée bien imparfaite que de les concevoir seulement comme les bases des arts, et c'est à quoi
malheureusement on n'est que trop enclin de nos jours.
Quels que soient les immenses services rendus à l'*industrie* par les théories scientifiques, quoique, suivant
l'énergique expression de Bacon, la puissance soit nécessairement proportionnée à la connaissance, nous ne
devons pas oublier que les sciences ont, avant tout, une
destination plus directe et plus élevée, celle de satisfaire
au besoin fondamental qu'éprouve notre intelligence de
connaître les lois des phénomènes. Pour sentir combien
ce besoin est profond et impérieux, il suffit de penser
un instant aux effets physiologiques de l'*étonnement,* et
de considérer que la sensation la plus terrible que nous
puissions éprouver est celle qui se produit toutes les fois
qu'un phénomène nous semble s'accomplir contradic-
toirement aux lois naturelles qui nous sont familières.
Ce besoin de disposer les faits dans un ordre que nous
puissions concevoir avec facilité (ce qui est l'objet propre
de toutes les théories scientifiques) est tellement inhérent à notre organisation que, si nous ne parvenions
pas à le satisfaire par des conceptions positives, nous
retournerions inévitablement aux explications théolo-

giques et métaphysiques auxquelles il a primitivement donné naissance, comme je l'ai exposé dans la dernière leçon.

J'ai cru devoir signaler expressément dès ce moment une considération qui se reproduira fréquemment dans toute la suite de ce cours, afin d'indiquer la nécessité de se prémunir contre la trop grande influence des habitudes actuelles, qui tendent à empêcher qu'on se forme des idées justes et nobles de l'importance et de la destination des sciences. Si la puissance prépondérante de notre organisation ne corrigeait, même involontairement, dans l'esprit des savants, ce qu'il y a sous ce rapport d'incomplet et d'étroit dans la tendance générale de notre époque, l'intelligence humaine, réduite à ne s'occuper que de recherches susceptibles d'une utilité pratique immédiate, se trouverait par cela seul, comme l'a très justement remarqué Condorcet, tout-à-fait arrêtée dans ses progrès, même à l'égard de ces applications auxquelles on aurait imprudemment sacrifié les travaux purement spéculatifs; car les applications les plus importantes dérivent constamment de théories formées dans une simple intention scientifique, et qui souvent ont été cultivées pendant plusieurs siècles sans produire aucun résultat pratique. On en peut citer un exemple bien remarquable dans les belles spéculations des géomètres grecs sur les sections coniques, qui, après une longue suite de générations, ont servi, en déterminant la rénovation de l'astronomie, à conduire finalement l'art de la navigation au degré de perfectionnement qu'il a atteint dans ces derniers temps, et auquel il ne

serait jamais parvenu sans les travaux si purement théoriques d'Archimède et d'Apollonius ; tellement que Condorcet a pu dire avec raison à cet égard : « Le matelot,
« qu'une exacte observation de la longitude préserve
« du naufrage, doit la vie à une théorie conçue, deux
« mille ans auparavant, par des hommes de génie qui
« avaient en vue de simples spéculations géométri-
« ques. »

Il est donc évident qu'après avoir conçu, d'une manière générale, l'étude de la nature comme servant de
base rationnelle à l'action sur la nature, l'esprit humain
doit procéder aux recherches théoriques, en faisant
complètement abstraction de toute considération pratique ; car nos moyens pour découvrir la vérité sont tellement faibles que, si nous ne les concentrions pas exclusivement vers ce but, et si, en cherchant la vérité,
nous nous imposions en même temps la condition étrangère d'y trouver une utilité pratique immédiate, il nous
serait presque toujours impossible d'y parvenir.

Quoi qu'il en soit, il est certain que l'ensemble de nos
connaissances sur la nature, et celui des procédés que
nous en déduisons pour la modifier à notre avantage,
forment deux systèmes essentiellement distincts par
eux-mêmes, qu'il est convenable de concevoir et de cultiver séparément. En outre, le premier système étant la
base du second, c'est évidemment celui qu'il convient
de considérer d'abord dans une étude méthodique,
même quand on se proposerait d'embrasser la totalité
des connaissances humaines, tant d'application que de
spéculation. Ce système théorique me paraît devoir cons-

tituer exclusivement aujourd'hui le sujet d'un cours vraiment rationnel de philosophie positive : c'est ainsi du moins que je le conçois. Sans doute, il serait possible d'imaginer un cours plus étendu, portant à la fois sur les généralités théoriques et sur les généralités pratiques. Mais je ne pense pas qu'une telle entreprise, même indépendamment de son étendue, puisse être convenablement tentée dans l'état présent de l'esprit humain. Elle me semble, en effet, exiger préalablement un travail très important et d'une nature toute particulière, qui n'a pas encore été fait, celui de former, d'après les théories scientifiques proprement dites, les conceptions spéciales destinées à servir de bases directes aux procédés généraux de la pratique.

Au degré de développement déjà atteint par notre intelligence, ce n'est pas immédiatement que les sciences s'appliquent aux arts, du moins dans les cas les plus parfaits; il existe entre ces deux ordres d'idées un ordre moyen, qui, encore mal déterminé dans son caractère philosophique, est déjà plus sensible quand on considère la classe sociale qui s'en occupe spécialement. Entre les savants proprement dits et les directeurs effectifs des travaux productifs il commence à se former de nos jours une classe intermédiaire, celle des *ingénieurs,* dont la destination spéciale est d'organiser les relations de la théorie et de la pratique. Sans avoir aucunement en vue le progrès des connaissances scientifiques, elle les considère dans leur état présent pour en déduire les applications industrielles dont elles sont susceptibles. Telle est, du moins, la tendance naturelle des choses, quoiqu'il y

ait encore à cet égard beaucoup de confusion. Le corps
de doctrine propre à cette classe nouvelle, et qui doit
constituer les véritables théories directes des différents
arts, pourrait, sans doute, donner lieu à des considérations philosophiques d'un grand intérêt et d'une importance réelle. Mais un travail qui les embrasserait con-
jointement avec celles fondées sur les sciences proprement dites serait aujourd'hui tout-à-fait prématuré;
car ces doctrines intermédiaires entre la théorie pure et
la pratique directe ne sont point encore formées : il n'en
existe jusqu'ici que quelques éléments imparfaits relatifs aux sciences et aux arts les plus avancés, et qui permettent seulement de concevoir la nature et la possibilité
de semblables travaux pour l'ensemble des opérations
humaines. C'est ainsi, pour en citer ici l'exemple le plus
important, qu'on doit envisager la belle conception de
Monge, relativement à la géométrie descriptive, qui
n'est réellement autre chose qu'une théorie générale des
arts de construction. J'aurai soin d'indiquer successivement le petit nombre d'idées analogues déjà formées et
de faire apprécier leur importance, à mesure que le développement naturel de ce cours nous les présentera.
Mais il est clair que des conceptions jusqu'à présent
aussi incomplètes ne doivent point entrer, comme partie
essentielle, dans un cours de philosophie positive qui ne
doit comprendre, autant que possible, que des doctrines
ayant un caractère fixe et nettement déterminé.

On concevra d'autant mieux la difficulté de construire
ces doctrines intermédiaires que je viens d'indiquer, si
l'on considère que chaque art dépend non seulement

d'une certaine science correspondante, mais à la fois de plusieurs, tellement que les arts les plus importants empruntent des secours directs à presque toutes les diverses sciences principales. C'est ainsi que la véritable théorie de l'agriculture, pour me borner au cas le plus essentiel, exige une intime combinaison de connaissances physiologiques, chimiques, physiques et même astronomiques et mathématiques : il en est de même des beaux-arts. On aperçoit aisément, d'après cette considération, pourquoi ces théories n'ont pu encore être formées, puisqu'elles supposent le développement préalable de toutes les différentes sciences fondamentales. Il en résulte également un nouveau motif de ne pas comprendre un tel ordre d'idées dans un cours de philosophie positive, puisque, loin de pouvoir contribuer à la formation systématique de cette philosophie, les théories générales propres aux différents arts principaux doivent, au contraire, comme nous le voyons, être vraisemblablement plus tard une des conséquences les plus utiles de sa construction.

En résumé, nous ne devons donc considérer dans ce cours que les théories scientifiques et nullement leurs applications. Mais avant de procéder à la classification méthodique de ses différentes parties, il me reste à exposer, relativement aux sciences proprement dites, une distinction importante, qui achèvera de circonscrire nettement le sujet propre de l'étude que nous entreprenons.

Il faut distinguer, par rapport à tous les ordres de phénomènes, deux genres de sciences naturelles : les unes abstraites, générales, ont pour objet la découverte des lois qui régissent les diverses classes de phénomènes, en considérant tous les cas qu'on peut concevoir les autres concrètes, particulières, descriptives, et qu'oc désigne quelquefois sous le nom de sciences naturelles proprement dites, consistent dans l'application de ces lois à l'histoire effective des différents êtres existants. Les premières sont donc fondamentales, c'est sur elles seulement que porteront nos études dans ce cours; les autres, quelle que soit leur importance propre, ne sont réellement que secondaires, et ne doivent point, par conséquent, faire partie d'un travail que son extrême étendue naturelle nous oblige à réduire au moindre développement possible.

La distinction précédente ne peut présenter aucune obscurité aux esprits qui ont quelque connaissance spéciale des différentes sciences positives, puisqu'elle est à peu près l'équivalent de celle qu'on énonce ordinairement dans presque tous les traités scientifiques en comparant la physique dogmatique à l'histoire naturelle proprement dite. Quelques exemples suffiront d'ailleurs pour rendre sensible cette division, dont l'importance n'est pas encore convenablement appréciée.

On pourra d'abord l'apercevoir très nettement en comparant, d'une part, la physiologie générale, et, d'autre part, la zoologie et la botanique proprement dites. Ce sont évidemment, en effet, deux travaux d'un caractère fort distinct, que d'étudier, en général, les lois de la vie, ou de déterminer le mode d'existence de chaque corps vivant, en particulier. Cette seconde étude, en outre, est nécessairement fondée sur la première.

Il en est de même de la chimie, par rapport à la minéralogie; la première est évidemment la base rationnelle de la seconde. Dans la chimie, on considère toutes les combinaisons possibles des molécules, et dans toutes les circonstances imaginables; dans la minéralogie, on considère seulement celles de ces combinaisons qui se trouvent réalisées dans la constitution effective du globe terrestre, et sous l'influence des seules circonstances qui lui sont propres. Ce qui montre clairement la différence du point de vue chimique et du point de vue minéralogique, quoique les deux sciences portent sur les mêmes objets, c'est que la plupart des faits envisagés dans la première n'ont qu'une existence artificielle, de telle manière qu'un corps, comme le chlore ou le potassium, pourra avoir une extrème importance en chimie par l'étendue et l'énergie de ses affinités, tandis qu'il n'en aura presque aucune en minéralogie; et réciproquement, un composé, tel que le granit ou le quartz, sur lequel porte la majeure partie des considérations minéralogiques, n'offrira, sous le rapport chimique, qu'un intérêt très médiocre.

Ce qui rend, en général, plus sensible encore la nécessité logique de cette distinction fondamentale entre les deux grandes sections de la philosophie naturelle, c'est que non seulement chaque section de la physique concrète suppose la culture préalable de la section correspondante de la physique abstraite, mais qu'elle exige même la connaissance des lois générales relatives à tous les ordres de phénomènes. Ainsi, par exemple,

non seulement l'étude spéciale de la terre, considérée
sous tous les points de vue qu'elle peut présenter effectivement, exige la connaissance préalable de la
physique et de la chimie, mais elle ne peut être faite
convenablement sans y introduire, d'une part, les connaissances astronomiques, et même, d'une autre part,
les connaissances physiologiques ; en sorte qu'elle tient
au système entier des sciences fondamentales. Il en est
de même de chacune des sciences naturelles proprement
dites. C'est précisément pour ce motif que la *physique
concrète* a fait jusqu'à présent si peu de progrès réels,
car elle n'a pu commencer à être étudiée d'une manière
vraiment rationnelle qu'après la *physique abstraite,* et
lorsque toutes les diverses branches principales de
celle-ci ont pris leur caractère définitif, ce qui n'a eu
lieu que de nos jours. Jusqu'alors on n'a pu recueillir à
ce sujet que des matériaux plus ou moins incohérents,
qui sont même encore fort incomplets. Les faits connus
ne pourront être coordonnés de manière à former de véritables théories spéciales des différents êtres de l'univers, que lorsque la distinction fondamentale rappelée
ci-dessus sera plus profondément sentie et plus réguliè-
rement organisée, et que, par suite, les savants particulièrement livrés à l'étude des sciences naturelles proprement dites auront reconnu la nécessité de fonder leurs
recherches sur une connaissance approfondie de toutes
les sciences fondamentales, condition qui est encore
aujourd'hui fort loin d'être convenablement remplie.

L'examen de cette condition confirme nettement
pourquoi nous devons, dans ce cours de philosophie

positive, réduire nos considérations à l'étude des sciences générales, sans embrasser en même temps les sciences descriptives ou particulières. On voit naître ici, en effet, une nouvelle propriété essentielle de cette étude propre des généralités de la physique abstraite ; c'est de fournir la base rationnelle d'une physique concrète vraiment systématique. Ainsi, dans l'état présent de l'esprit humain, il y aurait une sorte de contradiction à vouloir réunir, dans un seul et même cours, les deux ordres de sciences. On peut dire, de plus, que, quand même la physique concrète aurait déjà atteint le degré de perfectionnement de la physique abstraite, et que, par suite, il serait possible, dans un cours de philosophie positive, d'embrasser à la fois l'une et l'autre, il n'en faudrait pas moins évidemment commencer par la section abstraite, qui restera la base invariable de l'autre. Il est clair, d'ailleurs, que la seule étude des généralités des sciences fondamentales est assez vaste par elle-même, pour qu'il importe d'en écarter, autant que possible, toutes les considérations qui ne sont pas indispensables ; or, celles relatives aux sciences secondaires seront toujours, quoi qu'il arrive, d'un genre distinct. La philosophie des sciences fondamentales, présentant un système de conceptions positives sur tous nos ordres de connaissances réelles, suffit, par cela même, pour constituer cette *philosophie première* que cherchait Bacon, et qui, étant destinée à servir désormais de base permanente à toutes les spéculations humaines, doit être soigneusement réduite à la plus simple expression possible.

Je n'ai pas besoin d'insister davantage en ce moment sur une telle discussion, que j'aurai naturellement plusieurs occasions de reproduire dans les diverses parties de ce cours. L'explication précédente est assez développée pour motiver la manière dont j'ai circonscrit le sujet général de nos considérations.

Ainsi, en résultat de tout ce qui vient d'être exposé dans cette leçon, nous voyons : 1° Que la science humaine se composant, dans son ensemble, de connaissances spéculatives et de connaissances d'application, c'est seulement des premières que nous devons nous occuper ici; 2° que les connaissances théoriques ou les sciences proprement dites, se divisant en sciences générales et sciences particulières, nous devons ne considérer ici que le premier ordre, et nous borner à la physique abstraite, quelque intérêt que puisse nous présenter la physique concrète.

Le sujet propre de ce cours étant par là exactement circonscrit, il est facile maintenant de procéder à une classification rationnelle vraiment satisfaisante des sciences fondamentales, ce qui constitue la question encyclopédique, objet spécial de cette leçon.

Il faut, avant tout, commencer par reconnaître que, quelque naturelle que puisse être une telle classification, elle renfermera toujours nécessairement quelque chose, sinon d'arbitraire, du moins d'artificiel, de manière à présenter une imperfection véritable.

En effet, le but principal que l'on doit avoir en vue dans tout travail encyclopédique, c'est de disposer les sciences dans l'ordre de leur enchaînement naturel, en suivant leur dépendance mutuelle; de telle sorte qu'on puisse les exposer successivement, sans jamais être entraîné dans le moindre cercle vicieux. Or, c'est une condition qu'il me paraît impossible d'accomplir d'une manière tout à fait rigoureuse. Qu'il me soit permis de donner ici quelque développement à cette réflexion, que je crois importante pour caractériser la véritable difficulté de la recherche qui nous occupe actuellement. Cette considération, d'ailleurs, me donnera lieu d'établir, relativement à l'exposition de nos connaissances, un principe général dont j'aurai plus tard à présenter de fréquentes applications.

Toute science peut être exposée suivant deux marches essentiellement distinctes, dont tout autre mode d'exposition ne saurait être qu'une combinaison, la marche *historique* et la marche *dogmatique*.

Par le premier procédé, on expose successivement les connaissances dans le même ordre effectif suivant lequel l'esprit humain les a réellement obtenues, et en adoptant, autant que possible, les mêmes voies.

Par le second, on présente le système des idées tel qu'il pourrait être conçu aujourd'hui par un seul esprit, qui, placé au point de vue convenable, et pourvu des connaissances suffisantes, s'occuperait à refaire la science dans son ensemble.

Le premier mode est évidemment celui par lequel commence, de toute nécessité, l'étude de chaque science naissante ; car il présente cette propriété, de n'exiger, pour l'exposition des connaissances, aucun nouveau travail distinct de celui de leur formation, toute la didactique se réduisant alors à étudier successivement, dans l'ordre chronologique, les divers ouvrages originaux qui ont contribué aux progrès de la science.

Le mode dogmatique, supposant au contraire que tous ces travaux particuliers ont été refondus en un système général, pour être présentés suivant un ordre logique plus naturel, n'est applicable qu'à une science déjà parvenue à un assez haut degré de développement. Mais, à mesure que la science fait des progrès, l'ordre *historique* d'exposition devient de plus en plus impraticable, par la trop longue suite d'intermédiaires qu'il obligerait l'esprit à parcourir ; tandis que l'ordre *dogmatique* devient de plus en plus possible, en même temps que nécessaire, parce que de nouvelles conceptions permettent de présenter les découvertes antérieures sous un point de vue plus direct.

C'est ainsi, par exemple, que l'éducation d'un géomètre de l'antiquité consistait simplement dans l'étude successive du très petit nombre de traités originaux produits jusqu'alors sur les diverses parties de la géométrie, ce qui se réduisait essentiellement aux écrits d'Archimède et d'Apollonius ; tandis que, au contraire, un géomètre moderne a communément terminé son éducation, sans avoir lu un seul ouvrage original, excepté relativement aux découvertes les plus récentes, qu'on ne peut connaître que par ce moyen

La tendance constante de l'esprit humain, quant à l'exposition des connaissances, est donc de substituer de plus en plus à l'ordre historique l'ordre dogmatique, qui peut seul convenir à l'état perfectionné de notre intelligence.

Le problème général de l'éducation intellectuelle consiste à faire parvenir, en peu d'années, un seul entendement, le plus souvent médiocre, au même point de développement qui a été atteint, dans une longue suite de siècles, par un grand nombre de génies supérieurs appliquant successivement, pendant leur vie entière, toutes leurs forces à l'étude d'un même sujet. Il est clair, d'après cela, que, quoiqu'il soit infiniment plus facile et plus court d'apprendre que d'inventer, il serait certainement impossible d'atteindre le but proposé, si l'on voulait assujettir chaque esprit individuel à passer successivement par les mêmes intermédiaires qu'a dû suivre nécessairement le génie collectif de l'espèce humaine. De là, l'indispensable besoin de l'ordre dogmatique, qui est surtout si sensible aujourd'hui pour les sciences les plus avancées, dont le mode ordinaire d'exposition ne présente plus presque aucune trace de la filiation effective de leurs détails.

Il faut, néanmoins, ajouter, pour prévenir toute exagération, que tout mode réel d'exposition est, inévitablement, une certaine combinaison de l'ordre dogmatique avec l'ordre historique, dans laquelle seulement le premier doit dominer constamment et de plus en plus. L'ordre dogmatique ne peut, en effet, être suivi d'une manière tout à fait rigoureuse ; car, par cela même qu'il exige une nouvelle élaboration des connaissances acquises, il n'est point applicable, à chaque époque de la

5

science, aux parties récemment formées, dont l'étude ne
comporte qu'un ordre essentiellement historique, lequel
ne présente pas, d'ailleurs, dans ce cas, les inconvénients
principaux qui le font rejeter en général.

La seule imperfection fondamentale qu'on pourrait
reprocher au mode dogmatique, c'est de laisser ignorer
la manière dont se sont formées les diverses connaissances humaines, ce qui, quoique distinct de l'acquisition même de ces connaissances, est, en soi, du plus
haut intérêt pour tout esprit philosophique. Cette considération aurait, à mes yeux, beaucoup de poids, si elle
était réellement un motif en faveur de l'ordre historique.
Mais il est aisé de voir qu'il n'y a qu'une relation apparente entre étudier une science en suivant le mode dit
historique, et connaître véritablement l'histoire effective
de cette science.

En effet, non-seulement les diverses parties de chaque
science, qu'on est conduit à séparer dans l'ordre *dogma-*
tique, se sont, en réalité, développées simultanément et
sous l'influence les unes des autres, ce qui tendrait à
faire préférer l'ordre *historique ;* mais en considérant,
dans son ensemble, le développement effectif de l'esprit
humain, on voit de plus que les différentes sciences ont
été, dans le fait, perfectionnées en même temps et mutuellement ; on voit même que les progrès des sciences
et ceux des arts ont dépendu les uns des autres, par
d'innombrables influences réciproques, et enfin que tous
ont été étroitement liés au développement général de la
société humaine. Ce vaste enchaînement est tellement
réel que souvent, pour concevoir la génération effective

d'une théorie scientifique, l'esprit est conduit à considérer le perfectionnement de quelque art qui n'a avec elle aucune liaison rationnelle, ou même quelque progrès particulier dans l'organisation sociale, sans lequel cette découverte n'eût pu avoir lieu. Nous en verrons dans la suite de nombreux exemples. Il résulte donc de là que l'on ne peut connaître la véritable histoire de chaque science, c'est-à-dire la formation réelle des découvertes dont elle se compose, qu'en étudiant, d'une manière générale et directe, l'histoire de l'humanité. C'est pourquoi tous les documents recueillis jusqu'ici sur l'histoire des mathématiques, de l'astronomie, de la médecine, etc., etc., quelque précieux qu'ils soient, ne peuvent être regardés que comme des matériaux.

Le prétendu ordre *historique* d'exposition, même quand il pourrait être suivi rigoureusement pour les détails de chaque science en particulier, serait déjà purement hypothétique et abstrait sous le rapport le plus important, en ce qu'il considérerait le développement de cette science comme isolé. Bien loin de mettre en évidence la véritable histoire de la science, il tendrait à en faire concevoir une opinion très fausse.

Ainsi, nous sommes certainement convaincus que la connaissance de l'histoire des sciences est de la plus haute importance. Je pense même qu'on ne connaît pas complètement une science tant qu'on n'en sait pas l'histoire. Mais cette étude doit être conçue comme entièrement séparée de l'étude propre et dogmatique de la science, sans laquelle même cette histoire ne serait pas intelligible. Nous considérerons donc avec beaucoup de soin l'histoire réelle des sciences fondamentales qui vont être le sujet de nos méditations ; mais ce sera seulement dans la dernière partie de ce cours, celle relative à l'étude des phénomènes sociaux, en traitant du développement général de l'humanité, dont l'histoire des sciences constitue la partie la plus importante, quoique jusqu'ici la plus négligée. Dans l'étude de chaque science, les considérations historiques incidentes qui pourront se présenter auront un caractère nettement distinct, de manière à ne pas altérer la nature propre de notre travail principal.

La discussion précédente, qui doit d'ailleurs, comme on le voit, être spécialement développée plus tard, tend à préciser davantage, en le présentant sous un nouveau point de vue, le véritable esprit de ce cours. Mais, surtout, il en résulte, relativement à la question actuelle, la détermination exacte des conditions qu'on doit s'imposer et qu'on peut justement espérer de remplir dans la construction d'une échelle encyclopédique des diverses sciences fondamentales.

On voit, en effet, que, quelque parfaite qu'on pût la supposer, cette classification ne saurait jamais être rigoureusement conforme à l'enchaînement historique des sciences. Quoi qu'on fasse, on ne peut éviter entièrement de présenter comme antérieure telle science qui aura cependant besoin, sous quelques rapports particuliers plus ou moins importants, d'emprunter des notions à une autre science classée dans un rang postérieur. Il faut tâcher seulement qu'un tel inconvénient n'ait pas lieu relativement aux conceptions caractéristiques de chaque science, car alors la classification serait tout-à-fait vicieuse.

Ainsi, par exemple, il me semble incontestable que, dans le système général des sciences, l'astronomie doit être placée avant la physique proprement dite, et néanmoins plusieurs branches de celle-ci, surtout l'optique, sont indispensables à l'exposition complète de la première.

De tels défauts secondaires, qui sont strictement inévitables, ne sauraient prévaloir contre une classification, qui remplirait d'ailleurs convenablement les conditions principales. Ils tiennent à ce qu'il y a nécessairement d'artificiel dans notre division du travail intellectuel.

Néanmoins, quoique, d'après les explications précédentes, nous ne devions pas prendre l'ordre historique pour base de notre classification, je ne dois pas négliger d'indiquer d'avance, comme une propriété essentielle de l'échelle encyclopédique que je vais proposer, sa conformité générale avec l'ensemble de l'histoire scientifique; en ce sens que, malgré la simultanéité réelle et continue du développement des différentes sciences, celles qui seront classées comme antérieures seront, en effet, plus anciennes et constamment plus avancées que celles présentées comme postérieures. C'est ce qui doit avoir lieu inévitablement si, en réalité, nous prenons, comme cela doit être, pour principe de classification l'enchaînement logique naturel des diverses sciences, le point de départ de l'espèce ayant dû nécessairement être le même que celui de l'individu.

Pour achever de déterminer avec toute la précision possible la difficulté exacte de la question encyclopédique que nous avons à résoudre, je crois utile d'introduire une considération mathématique fort simple qui résumera rigoureusement l'ensemble des raisonnements exposés jusqu'ici dans cette leçon. Voici en quoi elle consiste.

Nous nous proposons de classer les sciences fondamentales. Or, nous verrons bientôt que, tout bien considéré, il n'est pas possible d'en distinguer moins de six ; la plupart des savants en admettraient même vraisemblablement un plus grand nombre. Cela posé, on sait que six objets comportent 720 dispositions différentes. Les sciences fondamentales pourraient donc donner lieu à 720 classifications distinctes, parmi lesquelles il s'agit de choisir la classification nécessairement unique, qui satisfait le mieux aux principales conditions du problème. On voit que, malgré le grand nombre d'échelles encyclopédiques successivement proposées jusqu'à présent, la discussion n'a porté encore que sur une bien faible partie des dispositions possibles ; et néanmoins, je crois pouvoir dire sans exagération qu'en examinant chacune de ces 720 classifications, il n'en serait peut-être pas une seule en faveur de laquelle on ne pût faire valoir quelques motifs plausibles ; car, en observant les diverses dispositions qui ont été effectivement proposées, on remarque entre elles les plus extrêmes différences : les sciences qui sont placées par les uns à la tête du système encyclopédique, étant renvoyées par d'autres à l'extrémité opposée, et réciproquement. C'est donc dans ce choix d'un seul ordre vraiment rationnel, parmi le nombre très considérable des systèmes possibles, que consiste la difficulté précise de la question que nous avons posée.

Abordant maintenant d'une manière directe cette grande question, rappelons-nous d'abord que pour obtenir une classification naturelle et positive des sciences fondamentales, c'est dans la comparaison des divers ordres de phénomènes dont elles ont pour objet de découvrir les lois que nous devons en chercher le principe. Ce que nous voulons déterminer, c'est la dépendance réelle des diverses études scientifiques. Or, cette dépendance ne peut résulter que de celle des phénomènes correspondants.

En considérant sous ce point de vue tous les phénomènes observables, nous allons voir qu'il est possible de les classer en un petit nombre de catégories naturelles, disposées d'une telle manière que l'étude rationnelle de chaque catégorie soit fondée sur la connaissance des lois principales de la catégorie précédente, et devienne le fondement de l'étude de la suivante. Cet ordre est déterminé par le degré de simplicité, ou, ce qui revient au même, par le degré de généralité des phénomènes, d'où résulte leur dépendance successive, et, en conséquence, la facilité plus ou moins grande de leur étude.

Il est clair, en effet, *à priori,* que les phénomènes les plus simples, ceux qui se compliquent le moins des autres, sont nécessairement aussi les plus généraux; car ce qui s'observe dans le plus grand nombre de cas, est

par cela même, dégagé le plus possible des circonstances propres à chaque cas séparé. C'est donc par
l'étude des phénomènes les plus généraux ou les plus
simples qu'il faut commencer, en procédant ensuite
successivement jusqu'aux phénomènes les plus particuliers ou les plus compliqués, si l'on veut concevoir
la philosophie naturelle d'une manière vraiment méthodique; car cet ordre de généralité ou de simplicité,
déterminant nécessairement l'enchaînement rationnel
des diverses sciences fondamentales par la dépendance
successive de leurs phénomènes, fixe ainsi leur degré
de facilité.

En même temps, par une considération auxiliaire que
je crois important de noter ici, et qui converge exactement avec toutes les précédentes, les phénomènes les
plus généraux ou les plus simples, se trouvant nécessairement les plus étrangers à l'homme, doivent, par cela
même, être étudiés dans une disposition d'esprit plus
calme, plus rationnelle, ce qui constitue un nouveau
motif pour que les sciences correspondantes se développent plus rapidement.

Ayant ainsi indiqué la règle fondamentale qui doit
présider à la classification des sciences, je puis passer
immédiatement à la construction de l'échelle encyclopédique d'après laquelle le plan de ce cours doit être déterminé, et que chacun pourra aisément apprécier à
l'aide des considérations précédentes.

Une première contemplation de l'ensemble des phénomènes naturels nous porte à les diviser d'abord, con-
formément au principe que nous venons d'établir, en (

deux grandes classes principales, la première comprenant tous les phénomènes des corps bruts, la seconde
tous ceux des corps organisés.

Ces derniers sont évidemment, en effet, plus compliqués et plus particuliers que les autres ; ils dépendent
des précédents, qui, au contraire, n'en dépendent nullement. De là la nécessité de n'étudier les phénomènes
physiologiques qu'après ceux des corps inorganiques. De
quelque manière qu'on explique les différences de ces
deux sortes d'êtres, il est certain qu'on observe dans les
corps vivants tous les phénomènes, soit mécaniques,
soit chimiques, qui ont lieu dans les corps bruts, plus un
ordre tout spécial de phénomènes, les phénomènes vi-
taux proprement dits, ceux qui tiennent à l'*organisation*.
Il ne s'agit pas ici d'examiner si les deux classes de
corps sont ou ne sont pas de la même *nature,* question
insoluble qu'on agite beaucoup trop de nos jours, par
un reste d'influence des habitudes théologiques et métaphysiques; une telle question n'est pas du domaine de
la philosophie positive, qui fait formellement profession
d'ignorer absolument la *nature* intime d'un corps quelconque. Mais il n'est nullement indispensable de considérer les corps bruts et les corps vivants comme étant
d'une nature essentiellement différente pour reconnaître
la nécessité de la séparation de leurs études.

Sans doute, les idées ne sont pas encore suffisamment
fixées sur la manière générale de concevoir les phénomènes des corps vivants. Mais, quelque parti qu'on
puisse prendre à cet égard par suite des progrès ultérieurs de la philosophie naturelle, la classification que

nous établissons n'en saurait être aucunement affectée.
En effet, regardât-on comme démontré, ce que permet
à peine d'entrevoir l'état présent de la physiologie, que
les phénomènes physiologiques sont toujours de simples phénomènes mécaniques, électriques et chimiques,
modifiés par la structure et la composition propres aux
corps organisés, notre division fondamentale n'en sub-
sisterait pas moins. Car il reste toujours vrai, même
dans cette hypothèse, que les phénomènes généraux doivent être étudiés avant de procéder à l'examen des modifications spéciales qu'ils éprouvent dans certains êtres
de l'univers, par suite d'une disposition particulière des
molécules. Ainsi, la division, qui est aujourd'hui fondée
dans la plupart des esprits éclairés sur la diversité des
lois, est de nature à se maintenir indéfiniment à cause
de la subordination des phénomènes et par suite des
études, quelque rapprochement qu'on puisse jamais établir solidement entre les deux classes de corps.

Ce n'est pas ici le lieu de développer, dans ses diverses
parties essentielles, la comparaison générale entre les
corps bruts et les corps vivants, qui sera le sujet spécial
d'un examen approfondi dans la section physiologique
de ce cours. Il suffit, quant à présent, d'avoir reconnu,
en principe, la nécessité logique de séparer la science
relative aux premiers de celle relative aux seconds, et
de ne procéder à l'étude de la *physique organique* qu'a-
près avoir établi les lois générales de la *physique inorganique.*

Passons maintenant à la détermination de la sous-
division principale dont est susceptible, d'après la même

règle, chacune de ces deux grandes moitiés de la philosophie naturelle.

Pour la *physique inorganique,* nous voyons d'abord, en nous conformant toujours à l'ordre de généralité et de dépendance des phénomènes, qu'elle doit être partagée en deux sections distinctes, suivant qu'elle considère les phénomènes généraux de l'univers, ou, en particulier, ceux que présentent les corps terrestres. D'où la physique céleste, ou l'astronomie, soit géométrique, soit mécanique ; et la physique terrestre. La nécessité de cette division est exactement semblable à celle de la précédente.

Les phénomènes astronomiques étant les plus généraux, les plus simples, les plus abstraits de tous, c'est évidemment par leur étude que doit commencer la philosophie naturelle, puisque les lois auxquelles ils sont assujettis influent sur celles de tous les autres phénomènes, dont elles-mêmes sont, au contraire, essentiellement indépendantes. Dans tous les phénomènes de la physique terrestre, on observe d'abord les effets généraux de la gravitation universelle, plus quelques autres effets qui leur sont propres, et qui modifient les premiers. Il s'ensuit que, lorsqu'on analyse le phénomène terrestre le plus simple, non seulement en prenant un phénomène chimique, mais en choisissant même un phénomène purement mécanique, on le trouve constamment plus composé que le phénomène céleste le plus compliqué. C'est ainsi, par exemple, que le simple mouvement d'un corps pesant, même quand il ne s'agit que d'un solide, présente réellement, lorsqu'on

veut tenir compte de toutes les circonstances détermi-
nantes, un sujet de recherches plus compliqué que la
question astronomique la plus difficile. Une telle considération montre clairement combien il est indispensable
de séparer nettement la physique céleste et la physique
terrestre, et de ne procéder à l'étude de la seconde
qu'après celle de la première, qui en est la base rationnelle.

La physique terrestre, à son tour, se sous-divise, d'a-
près le même principe, en deux portions très distinctes,
selon qu'elle envisage les corps sous le point de vue mécanique, ou sous le point de vue chimique. D'où la physique proprement dite, et la chimie. Celle-ci, pour être
conçue d'une manière vraiment méthodique, suppose
évidemment la connaissance préalable de l'autre. Car
tous les phénomènes chimiques sont nécessairement
plus compliqués que les phénomènes physiques; ils en
dépendent sans influer sur eux. Chacun sait, en effet,
que toute action chimique est soumise d'abord à l'influence de la pesanteur, de la chaleur, de l'électri-
cité, etc., et présente, en outre, quelque chose de propre
qui modifie l'action des agents précédents. Cette considération, qui montre évidemment la chimie comme ne pouvant marcher qu'après la physique, la présente en même
temps comme une science distincte. Car, quelque opinion qu'on adopte relativement aux affinités chimiques,
et quand même on ne verrait en elles, ainsi qu'on peut le
concevoir, que des modifications de la gravitation générale produite par la figure et par la disposition mutuelle des atomes, il demeurerait incontestable que la

nécessité d'avoir continuellement égard à ces conditions
spéciales ne permettrait point de traiter la chimie comme
un simple appendice de la physique. On serait donc
obligé, dans tous les cas, ne fût-ce que pour la facilité de
l'étude, de maintenir la division et l'enchaînement que
l'on regarde aujourd'hui comme tenant à l'hétérogénéité
des phénomènes.

Telle est donc la distribution rationnelle des principales branches de la science générale des corps bruts.
Une division analogue s'établit, de la même manière,
dans la science générale des corps organisés.

Tous les êtres vivants présentent deux ordres de phénomènes essentiellement distincts, ceux relatifs à l'individu, et ceux qui concernent l'espèce, surtout quand elle
est sociable. C'est principalement par rapport à l'homme
que cette distinction est fondamentale. Le dernier ordre
de phénomènes est évidemment plus compliqué et plus
particulier que le premier; il en dépend sans influer sur
lui. De là deux grandes sections dans la *physique organique :* la physiologie proprement dite et la physique sociale, qui est fondée sur la première.

Dans tous les phénomènes sociaux, on observe d'a-
bord l'influence des lois physiologiques de l'individu, et,
en outre, quelque chose de particulier qui en modifie les
effets, et qui tient à l'action des individus les uns sur
les autres, singulièrement compliquée, dans l'espèce
humaine, par l'action de chaque génération sur celle
qui la suit. Il est donc évident que, pour étudier convenablement les phénomènes sociaux, il faut d'abord
partir d'une connaissance approfondie des lois relatives

à la vie individuelle. D'un autre côté, cette subordination nécessaire entre les deux études ne prescrit nullement, comme quelques physiologistes du premier ordre
ont été portés à le croire, de voir dans la physique sociale un simple appendice de la physiologie. Quoique
les phénomènes soient certainement homogènes, ils ne
sont point identiques, et la séparation des deux sciences
est d'une importance vraiment fondamentale. Car il serait impossible de traiter l'étude collective de l'espèce
comme une pure déduction de l'étude de l'individu,
puisque les conditions sociales, qui modifient l'action
des lois physiologiques, sont précisément alors la considération la plus essentielle. Ainsi, la physique sociale
doit être fondée sur un corps d'observations directes qui
lui soit propre, tout en ayant égard, comme il convient,
à son intime relation nécessaire avec la physiologie proprement dite.

On pourrait aisément établir une symétrie parfaite
entre la division de la physique organique et celle ci-
dessus exposée pour la physique inorganique, en rappelant la distinction vulgaire de la physiologie proprement dite en végétale et animale. Il serait facile, en
effet, de rattacher cette sous-division au principe de
classification que nous avons constamment suivi,
puisque les phénomènes de la vie animale se présentent,
en général du moins, comme plus compliqués et plus
spéciaux que ceux de la vie végétale. Mais la recherche
de cette symétrie précise aurait quelque chose de puéril,
si elle entraînait à méconnaître ou à exagérer les ana-
logies réelles ou les différences effectives des phéno-

mènes. Or, il est certain que la distinction entre la physiologie végétale et la physiologie animale, qui a une
grande importance dans ce que j'ai appelé la *physique
concrète,* n'en a presque aucune dans la *physique abstraite,*
la seule dont il s'agisse ici. La connaissance des lois
générales de la vie, qui doit être, à nos yeux, le véritable objet de la physiologie, exige la considération
simultanée de toute la série organique sans distinction
de végétaux et d'animaux, distinction qui, d'ailleurs,
s'efface de jour en jour, à mesure que les phénomènes
sont étudiés d'une manière plus approfondie.

Nous persisterons donc à ne considérer qu'une seule
division dans la physique organique, quoique nous
ayons cru devoir en établir deux successives dans la physique inorganique.

En résultat de cette discussion, la philosophie positive
se trouve donc naturellement partagée en cinq sciences
fondamentales, dont la succession est déterminée par
une subordination nécessaire et invariable, fondée, indépendamment de toute opinion hypothétique, sur la
simple comparaison approfondie des phénomènes correspondants : ce sont l'astronomie, la physique, la
chimie, la physiologie, et enfin la physique sociale. La
première considère les phénomènes les plus généraux,
les plus simples, les plus abstraits et les plus éloignés
de l'humanité ; ils influent sur tous les autres, sans être
influencés par eux. Les phénomènes considérés par la
dernière sont, au contraire, les plus particuliers, les
plus compliqués, les plus concrets et les plus directement intéressants pour l'homme ; ils dépendent, plus ou

moins, de tous les précédents, sans exercer sur eux aucune influence. Entre ces deux extrêmes, les degrés de spécialité, de complication et de personnalité des phénomènes vont graduellement en augmentant, ainsi que leur dépendance successive. Telle est l'intime relation générale que la véritable observation philosophique, convenablement employée, et non de vaines distinctions arbitraires, nous conduit à établir entre les diverses sciences fondamentales. Tel doit donc être le plan de ce cours.

Je n'ai pu ici qu'esquisser l'exposition des considérations principales sur lesquelles repose cette classification. Pour la concevoir complètement, il faudrait maintenant, après l'avoir envisagée d'un point de vue général, l'examiner relativement à chaque science fondamentale en particulier. C'est ce que nous ferons soigneusement en commençant l'étude spéciale de chaque partie de ce cours. La construction de cette échelle encyclopédique, reprise ainsi successivement en partant de chacune des cinq grandes sciences, lui fera acquérir plus d'exactitude, et surtout mettra pleinement en évidence sa solidité. Ces avantages seront d'autant plus sensibles que nous verrons alors la distribution intérieure de chaque science s'établir naturellement d'après le même principe, ce qui présentera tout le système des connaissances humaines décomposé, jusque dans ses détails secondaires, d'après une considération unique constamment suivie, celle du degré d'abstraction plus ou moins grand des conceptions correspondantes. Mais des travaux de ce genre, outre qu'ils nous entraîneraient maintenant beaucoup trop loin, seraient certainement déplacés dans cette leçon, où notre esprit doit se maintenir au point de vue le plus général de la philosophie positive.

Néanmoins, pour faire apprécier aussi complètement que possible, dès ce moment, l'importance de cette hiérarchie fondamentale, dont je ferai, dans toute la suite de ce cours, des applications continuelles, je dois signaler rapidement ici ses propriétés générales les plus essentielles.

Il faut d'abord remarquer, comme une vérification très décisive de l'exactitude de cette classification, sa conformité essentielle avec la coordination, en quelque sorte spontanée, qui se trouve en effet implicitement admise par les savants livrés à l'étude des diverses branches de la philosophie naturelle.

C'est une condition ordinairement fort négligée par les constructeurs d'échelles encyclopédiques, que de présenter comme distinctes les sciences que la marche effective de l'esprit humain a conduit, sans dessein prémédité, à cultiver séparément, et d'établir entre elles une subordination conforme aux relations positives que manifeste leur développement journalier. Un tel accord est néanmoins évidemment le plus sûr indice d'une bonne classification; car les divisions qui se sont introduites spontanément dans le système scientifique n'ont pu être déterminées que par le sentiment longtemps éprouvé des véritables besoins de l'esprit humain, sans qu'on ait pu être égaré par des généralités vicieuses.

Mais, quoique la classification ci-dessus proposée remplisse entièrement cette condition, ce qu'il serait

superflu de prouver, il n'en faudrait pas conclure que
les habitudes généralement établies aujourd'hui par
expérience chez les savants rendraient inutile le travail
encyclopédique que nous venons d'exécuter. Elles ont
seulement rendu possible une telle opération, qui présente la différence fondamentale d'une conception rationnelle à une classification purement empirique. Il
s'en faut d'ailleurs que cette classification soit ordinairement conçue et surtout suivie avec toute la précision
nécessaire, et que son importance soit convenablement
appréciée ; il suffirait, pour s'en convaincre, de considérer les graves infractions qui sont commises tous les
jours contre cette loi encyclopédique, au grand préjudice
de l'esprit humain.

Un second caractère très essentiel de notre classification, c'est d'être nécessairement conforme à l'ordre effectif
du développement de la philosophie naturelle. C'est ce
que vérifie tout ce qu'on sait de l'histoire des sciences,
particulièrement dans les deux derniers siècles, où nous
pouvons suivre leur marche avec plus d'exactitude.

On conçoit, en effet, que l'étude rationnelle de chaque
science fondamentale, exigeant la culture préalable de
toutes celles qui la précèdent dans notre hiérarchie encyclopédique, n'a pu faire de progrès réels et prendre
son véritable caractère, qu'après un grand développement des sciences antérieures relatives à des phénomènes plus généraux, plus abstraits, moins compliqués,
et indépendants des autres. C'est donc dans cet ordre
que la progression, quoique simultanée, a dû avoir
lieu.

Cette considération me semble d'une telle importance que je ne crois pas possible de comprendre réellement, sans y avoir égard, l'histoire de l'esprit humain. La loi générale qui domine toute cette histoire, et que j'ai exposée dans la leçon précédente, ne peut être convenablement entendue, si on ne la combine point dans l'application avec la formule encyclopédique que nous venons d'établir. Car, c'est suivant l'ordre énoncé par cette formule que les différentes théories humaines ont atteint successivement, d'abord l'état théologique, ensuite l'état métaphysique, et enfin l'état positif. Si l'on ne tient pas compte dans l'usage de la loi de cette progression nécessaire, on rencontrera souvent des difficultés qui paraîtront insurmontables, car il est clair que l'état théologique ou métaphysique de certaines théories fondamentales a dû temporairement coïncider, et a quelquefois coïncidé en effet avec l'état positif de celles qui leur sont antérieures dans notre système encyclopédique, ce qui tend à jeter sur la vérification de la loi générale une obscurité qu'on ne peut dissiper que par la classification précédente.

En troisième lieu, cette classification présente la propriété très remarquable de marquer exactement la perfection relative des différentes sciences, laquelle consiste essentiellement dans le degré de précision des connaissances, et dans leur coordination plus ou moins intime.

Il est aisé de sentir en effet que plus des phénomènes sont généraux, simples et abstraits, moins ils dépendent des autres, et plus les connaissances qui s'y rapportent peuvent être précises, en même temps que leur coordination peut être plus complète. Ainsi, les phénomènes organiques ne comportent qu'une étude à la fois moins exacte et moins systématique que les phénomènes des corps bruts. De même, dans la physique inorganique, les phénomènes célestes, vu leur plus grande généralité et leur indépendance de tous les autres, ont donné lieu à une science bien plus précise et beaucoup plus liée que celle des phénomènes terrestres.

Cette observation, qui est si frappante dans l'étude effective des sciences, et qui a souvent donné lieu à des espérances chimériques ou à d'injustes comparaisons, se trouve donc complètement expliquée par l'ordre encyclopédique que j'ai établi. J'aurai naturellement occasion de lui donner toute son extension dans la leçon prochaine, en montrant que la possibilité d'appliquer à l'étude des divers phénomènes l'analyse mathématique, ce qui est le moyen de procurer à cette étude le plus haut degré possible de précision et de coordination, se trouve exactement déterminée par le rang qu'occupent ces phénomènes dans mon échelle encyclopédique.

Je ne dois point passer à une autre considération, sans mettre le lecteur en garde à ce sujet contre une erreur fort grave, et qui, bien que très grossière, est encore extrêmement commune. Elle consiste à confondre le degré de précision que comportent nos différentes connaissances avec leur degré de certitude, d'où est résulté le préjugé très dangereux que, le premier étant évidemment fort inégal, il en doit être ainsi du second. Aussi parle-t-on souvent encore, quoique moins que jadis, de l'iné-

gale certitude des diverses sciences, ce qui tend directement à décourager la culture des sciences les plus difficiles. Il est clair, néanmoins, que la précision et la certitude sont deux qualités en elles-mêmes fort différentes.
Une proposition tout à fait absurde peut être extrêmement précise, comme si l'on disait, par exemple, que la
somme des angles d'un triangle est égale à trois angles
droits ; et une proposition très certaine peut ne comporter qu'une précision fort médiocre, comme lorsqu'on
affirme, par exemple, que tout homme mourra. Si,
d'après l'explication précédente, les diverses sciences
doivent nécessairement présenter une précision très iné-
gale, il n'en est nullement ainsi de leur certitude. Chacune peut offrir des résultats aussi certains que ceux de
toute autre, pourvu qu'elle sache renfermer ses conclu-
sions dans le degré de précision que comportent les phénomènes correspondants, condition qui peut n'être pas
toujours très facile à remplir. Dans une science quelconque, tout ce qui est simplement conjectural n'est que
plus ou moins probable, et ce n'est pas là ce qui compose son domaine essentiel ; tout ce qui est positif, c'est-
à-dire fondé sur des faits bien constatés, est certain : il
n'y a pas de distinction à cet égard.

Enfin, la propriété la plus intéressante de notre formule encyclopédique, à cause de l'importance et de la
multiplicité des applications immédiates qu'on en peut
faire, c'est de déterminer directement le véritable plan
général d'une éducation scientifique entièrement rationnelle. C'est ce qui résulte sur le champ de la seule composition de la formule.

Il est sensible, en effet, qu'avant d'entreprendre l'étude
méthodique de quelqu'une des sciences fondamentales,
il faut nécessairement s'être préparé par l'examen de
celles relatives aux phénomènes antérieurs dans notre
échelle encyclopédique, puisque ceux-ci influent toujours
d'une manière prépondérante sur ceux dont on se propose de connaître les lois. Cette considération est tellement frappante que, malgré son extrême importance
pratique, je n'ai pas besoin d'insister davantage en ce
moment sur un principe qui, plus tard, se reproduira
d'ailleurs inévitablement, par rapport à chaque science
fondamentale. Je me bornerai seulement à faire observer que, s'il est éminemment applicable à l'éducation
générale, il l'est aussi particulièrement à l'éducation spéciale des savants.

Ainsi, les physiciens qui n'ont pas d'abord étudié l'astronomie, au moins sous un point de vue général ; les
chimistes qui, avant de s'occuper de leur science propre,
n'ont pas étudié préalablement l'astronomie et ensuite
la physique ; les physiologistes qui ne se sont pas préparés à leurs travaux spéciaux par une étude préliminaire de l'astronomie, de la physique et de la chimie,
ont manqué à l'une des conditions fondamentales de
leur développement intellectuel. Il en est encore plus
évidemment de même pour les esprits qui veulent se
livrer à l'étude positive des phénomènes sociaux, sans
avoir d'abord acquis une connaissance générale de l'astronomie, de la physique, de la chimie et de la physiologie.

Comme de telles conditions sont bien rarement rem-

plies de nos jours, et qu'aucune institution régulière
n'est organisée pour les accomplir, nous pouvons dire,
qu'il n'existe pas encore pour les savants, d'éducation
vraiment rationnelle. Cette considération est, à mes
yeux, d'une si grande importance, que je ne crains pas
d'attribuer en partie à ce vice de nos éducations actuelles
l'état d'imperfection extrême où nous voyons encore les
sciences les plus difficiles, état véritablement inférieur à
ce que prescrit en effet la nature plus compliquée des
phénomènes correspondants.

Relativement à l'éducation générale, cette condition
est encore bien plus nécessaire. Je la crois tellement indispensable que je regarde l'enseignement scientifique
comme incapable de réaliser les résultats généraux les
plus essentiels qu'il est destiné à produire dans la société pour la rénovation du système intellectuel, si les
diverses branches principales de la philosophie naturelle
ne sont pas étudiées dans l'ordre convenable. N'oublions
pas que, dans presque toutes les intelligences, même les
plus élevées, les idées restent ordinairement enchaînées
suivant l'ordre de leur acquisition première ; et que, par
conséquent, c'est un mal le plus souvent irrémédiable
que de n'avoir pas commencé par le commencement.
Chaque siècle ne compte qu'un bien petit nombre de
penseurs capables, à l'époque de leur virilité, comme
Bacon, Descartes et Leibnitz, de faire véritablement
table rase, pour reconstruire de fond en comble le système entier de leurs idées acquises.

L'importance de notre loi encyclopédique pour servir
de base à l'éducation scientifique ne peut être conve-

nablement appréciée qu'en la considérant aussi par rapport à la méthode, au lieu de l'envisager seulement, comme nous venons de le faire, relativement à la doctrine.

Sous ce nouveau point de vue, une exécution convenable du plan général d'études que nous avons déterminé doit avoir pour résultat nécessaire de nous procurer une connaissance parfaite de la méthode positive, qui ne pourrait être obtenue d'aucune autre manière.

En effet, les phénomènes naturels ayant été classés de telle sorte que ceux qui sont réellement homogènes restent toujours compris dans une même étude, tandis que ceux qui ont été affectés à des études différentes sont effectivement hétérogènes, il doit nécessairement en résulter que la méthode positive générale sera constamment modifiée d'une manière uniforme dans l'étendue d'une même science fondamentale, et qu'elle éprouvera sans cesse des modifications différentes et de plus en plus composées, en passant d'une science à une autre. Nous aurons donc ainsi la certitude de la considérer dans toutes les variétés réelles dont elle est susceptible, ce qui n'aurait pu avoir lieu, si nous avions adopté une formule encyclopédique qui ne remplit pas les conditions essentielles posées ci-dessus.

Cette nouvelle considération est d'une importance vraiment fondamentale; car, si nous avons vu en général, dans la dernière leçon, qu'il est impossible de connaître la méthode positive, quand on veut l'étudier séparément de son emploi, nous devons ajouter aujourd'hui qu'on ne peut s'en former une idée nette et exacte qu'en étudiant successivement, et dans l'ordre convenable, son application à toutes les diverses classes principales des phénomènes naturels. Une seule science ne suffirait point pour atteindre ce but, même en la choisissant le plus judicieusement possible. Car, quoique la méthode soit essentiellement identique dans toutes, chaque science développe spécialement tel ou tel de ses procédés caractéristiques, dont l'influence, trop peu prononcée dans les autres sciences, demeurerait inaperçue. Ainsi, par exemple, dans certaines branches de la philosophie, c'est l'observation proprement dite; dans d'autres c'est l'expérience, et telle ou telle nature d'expériences, qui constitue le principal moyen d'exploration. De même, tel précepte général, qui fait partie intégrante de la méthode, a été fourni primitivement par une certaine science ; et, bien qu'il ait pu être ensuite transporté dans d'autres, c'est à sa source qu'il faut l'étudier pour le bien connaître ; comme, par exemple, la théorie des classifications.

En se bornant à l'étude d'une science unique, il faudrait sans doute choisir la plus parfaite pour avoir un sentiment plus profond de la méthode positive. Or, la plus parfaite étant en même temps la plus simple, on n'aurait ainsi qu'une connaissance bien incomplète de la méthode, puisque on n'apprendrait pas quelles modifications essentielles elle doit subir pour s'adapter à des phénomènes plus compliqués. Chaque science fondamentale a donc, sous ce rapport, des avantages qui lui sont propres; ce qui prouve clairement la nécessité de les considérer toutes, sous peine de ne se former que des

conceptions trop étroites et des habitudes insuffisantes.
Cette considération devant se reproduire fréquemment
dans la suite, il est inutile de la développer davantage
en ce moment.

Je dois néanmoins ici, toujours sous le rapport de la
méthode, insister spécialement sur le besoin, pour la
bien connaître, non-seulement d'étudier philosophiquement toutes les diverses sciences fondamentales, mais
de les étudier suivant l'ordre encyclopédique établi dans
cette leçon. Que peut produire de rationnel, à moins
d'une extrême supériorité naturelle, un esprit qui s'occupe de prime abord de l'étude des phénomènes les plus
compliqués, sans avoir préalablement appris à connaître, par l'examen des phénomènes les plus simples, ce
que c'est qu'une *loi*, ce que c'est qu'*observer*, ce que
c'est qu'une conception positive, ce que c'est même
qu'un raisonnement suivi? Telle est pourtant encore aujourd'hui la marche ordinaire de nos jeunes
physiologistes, qui abordent immédiatement l'étude des
corps vivants, sans avoir le plus souvent été préparés
autrement que par une éducation préliminaire réduite à
l'étude d'une ou deux langues mortes, et n'ayant, tout
au plus, qu'une connaissance très superficielle de la physique et de la chimie, connaissance presque nulle sous
le rapport de la méthode, puisqu'elle n'a pas été obtenue communément d'une manière rationnelle, et en
partant du véritable point de départ de la philosophie naturelle. On conçoit combien il importe de réformer un
plan d'études aussi vicieux. De même, relativement aux
p hénomènes sociaux, qui sont encore plus compliqués,

ne serait-ée point avoir fait un grand pas vers le retour des sociétés modernes à un état vraiment normal, que d'avoir reconnu la nécessité logique de ne procéder à l'étude de ces phénomènes, qu'après avoir dressé successivement l'organe intellectuel par l'examen philosophique approfondi de tous les phénomènes antérieurs? On peut même dire avec précision que c'est là toute la difficulté principale. Car il est peu de bons esprits qui ne soient convaincus aujourd'hui qu'il faut étudier les phénomènes sociaux d'après la méthode positive. Seulement, ceux qui s'occupent de cette étude, ne sachant pas et ne pouvant pas savoir exactement en quoi consiste cette méthode, faute de l'avoir examinée dans ses applications antérieures, cette maxime est jusqu'à présent demeurée stérile pour la rénovation des théories sociales, qui ne sont pas encore sorties de l'état théologique ou de l'état métaphysique, malgré les efforts des prétendus réformateurs positifs. Cette considération sera, plus tard, spécialement développée; je dois ici me borner à l'indiquer, uniquement pour faire apercevoir toute la portée de la conception encyclopédique que j'ai proposée dans cette leçon.

Tels sont donc les quatre points de vue principaux, sous lesquels j'ai dû m'attacher à faire ressortir l'importance générale de la classification rationnelle et positive, établie ci-dessus pour les sciences fondamentales.

Afin de compléter l'exposition générale du plan de ce cours, il me reste maintenant à considérer une lacune immense et capitale, que j'ai laissée à dessein dans ma

formule encyclopédique, et que le lecteur a sans doute
déjà remarquée. En effet, nous n'avons point marqué
dans notre système scientifique le rang de la science
mathématique.

Le motif de cette omission volontaire est dans l'importance même de cette science, si vaste et si fondamentale. Car la leçon prochaine sera entièrement consacrée
à la détermination exacte de son véritable caractère général, et par suite à la fixation précise de son rang encyclopédique. Mais pour ne pas laisser incomplet, sous un.
rapport aussi capital, le grand tableau que j'ai tâché
d'esquisser dans cette leçon, je dois indiquer ici sommairement, par anticipation, les résultats généraux de
l'examen que nous entreprendrons dans la leçon suivante.

Dans l'état actuel du développement de nos connaissances positives, il convient, je crois, de regarder la
science mathématique, moins comme une partie constituante de la philosophie naturelle proprement dite, que
comme étant, depuis Descartes et Newton, la vraie base
fondamentale de toute cette philosophie, quoique, à parler
exactement, elle soit à la fois l'une et l'autre. Aujour-
d'hui, en effet, la science mathématique est bien moins
importante par les connaissances, très réelles et très
précieuses néanmoins qui la composent directement,
que comme constituant l'instrument le plus puissant que
l'esprit humain puisse employer dans la recherche des
lois des phénomènes naturels.

Pour présenter à cet égard une conception parfaitement nette et rigoureusement exacte, nous verrons qu'il

faut diviser la science mathématique en deux grandes
sciences, dont le caractère est essentiellement distinct :
la mathématique abstraite ou le *calcul*, en prenant ce
mot dans sa plus grande extension, et la mathématique
concrète, qui se compose, d'une part, de la géométrie
générale, d'une autre part, de la mécanique rationnelle.
La partie concrète est nécessairement fondée sur la
partie abstraite, et devient à son tour la base directe de
toute la philosophie naturelle, en considérant, autant
que possible, tous les phénomènes de l'univers comme
géométriques ou comme mécaniques.

La partie abstraite est la seule qui soit purement ins-
trumentale, n'étant autre chose qu'une immense extension admirable de la logique naturelle à un certain
ordre de déductions. La géométrie et la mécanique
doivent, au contraire, être envisagées comme de véritables sciences naturelles, fondées, ainsi que toutes les
autres, sur l'observation, quoique, par l'extrême simplicité de leurs phénomènes, elles comportent un degré
infiniment plus parfait de systématisation, qui a pu
quelquefois faire méconnaître le caractère expérimental
de leurs premiers principes. Mais ces deux sciences physiques ont cela de particulier que, dans l'état présent
de l'esprit humain, elles sont déjà et seront toujours
davantage employées comme méthode, beaucoup plus
que comme doctrine directe.

Il est, du reste, évident qu'en plaçant ainsi la science
mathématique à la tête de la philosophie positive, nous
ne faisons qu'étendre davantage l'application de ce même
principe de classification, fondé sur la dépendance suc-

cessive des sciences en résultat du degré d'abstraction
de leurs phénomènes respectifs, qui nous a fourni la
série encyclopédique, établie dans cette leçon. Nous ne
faisons maintenant que restituer à cette série son véritable premier terme, dont l'importance propre exigeait
un examen spécial plus développé. On voit, en effet, que
les phénomènes géométriques et mécaniques sont, de
tous, les plus généraux, les plus simples, les plus
abstraits, les plus irréductibles, et les plus indépendants de tous les autres, dont ils sont, au contraire,
la base. On conçoit pareillement que leur étude est
un préliminaire indispensable à celle de tous les autres
ordres de phénomènes. C'est donc la science mathématique qui doit constituer le véritable point de
départ de toute éducation scientifique rationnelle, soit
générale, soit spéciale, ce qui explique l'usage universel
qui s'est établi depuis longtemps à ce sujet, d'une manière empirique, quoiqu'il n'ait eu primitivement d'autre
cause que la plus grande ancienneté relative de la
science mathématique. Je dois me borner en ce moment
à une indication très rapide de ces diverses considérations, qui vont être l'objet spécial de la leçon suivante.

Nous avons donc exactement déterminé dans cette
leçon, non d'après de vaines spéculations arbitraires,
mais en le regardant comme le sujet d'un véritable problème philosophique, le plan rationnel qui doit nous
guider constamment dans l'étude de la philosophie positive. En résultat définitif, la mathématique, l'astronomie, la physique, la chimie, la physiologie et la physique sociale ; telle est la formule encyclopédique qui,

parmi le très grand nombre de classifications que comportent les six sciences fondamentales, est seule logiquement conforme à la hiérarchie naturelle et invariable des phénomènes. Je n'ai pas besoin de rappeler l'importance de ce résultat, que le lecteur doit se rendre éminemment familier, pour en faire dans toute l'étendue de ce cours une application continuelle.

La conséquence finale de cette leçon, exprimée sous la forme la plus simple, consiste donc dans l'explication et la justification du grand tableau synoptique placé au commencement de cet ouvrage, et dans la construction duquel je me suis efforcé de suivre, aussi rigoureusement que possible, pour la distribution intérieure de chaque science fondamentale, le même principe de classification qui vient de nous fournir la série générale des sciences.

TROISIÈME LEÇON

Considérations philosophiques sur l'ensemble de la science mathématique.

En commençant à entrer directement en matière par l'étude philosophique de la première des six sciences fondamentales établies dans la leçon précédente, nous avons lieu de constater immédiatement l'importance de la philosophie positive pour perfectionner le caractère général de chaque science en particulier.

Quoique la science mathématique soit la plus ancienne et la plus parfaite de toutes, l'idée générale qu'on doit s'en former n'est point encore nettement déterminée. La définition de la science, ses principales divisions, sont demeurées jusqu'ici vagues et incertaines. Le nom multiple par lequel on la désigne habituellement suffirait même seul pour indiquer le défaut d'unité de son caractère philosophique, tel qu'il est conçu communément.

A la vérité, c'est seulement au commencement du siècle dernier que les diverses conceptions fondamentales qui constituent cette grande science ont pris chacune assez de développement pour que le véritable esprit de l'ensemble pût se manifester clairement. Depuis cette époque, l'attention des géomètres a été trop justement et trop exclusivement absorbée par le perfectionnement spécial des différentes branches, et par l'application capitale qu'ils en ont faite aux lois les plus importantes de l'univers, pour pouvoir se diriger convenablement sur le système général de la science.

Mais aujourd'hui le progrès des spécialités n'est plus tellement rapide qu'il interdise la contemplation de l'ensemble. La mathématique (1) est maintenant assez développée, soit en elle-même, soit quant à ses applications les plus essentielles, pour être parvenue à cet état de consistance, dans lequel on doit s'efforcer de coordonner en un système unique les diverses parties de la science, afin de préparer de nouveaux progrès. On peut même observer que les derniers perfectionnements capitaux éprouvés par la science mathématique ont directement préparé cette importante opération philosophique, en imprimant à ses principales parties un caractère d'unité qui n'existait pas auparavant; tel est éminemment et hors de toute comparaison l'esprit des travaux de l'immortel auteur de la *Théorie des Fonctions* et de la *Mécanique analytique*.

Pour se former une juste idée de l'objet de la science mathématique considérée dans son ensemble, on peut d'abord partir de la définition vague et insignifiante qu'on en donne ordinairement, à défaut de toute autre, en disant qu'elle est *la science des grandeurs*, ou, ce qui est plus positif, *la science qui a pour but la mesure des*

(1) J'emploierai souvent cette expression au singulier, comme l'a proposé Condorcet, afin d'indiquer avec plus d'énergie l'esprit d'unité dans lequel je conçois la science.

grandeurs. Cet aperçu scolastique a, sans doute, singulièrement besoin d'acquérir plus de précision et plus de
profondeur. Mais l'idée est juste au fond; elle est même
suffisamment étendue, lorsqu'on la conçoit convenablement. Il importe d'ailleurs, en pareille matière, quand
on le peut sans inconvénient, de s'appuyer sur des notions généralement admises. Voyons donc comment, en
partant de cette grossière ébauche, on peut s'élever à
une véritable définition de la mathématique, à une définition qui soit digne de correspondre à l'importance, à
l'étendue et à la difficulté de la science.

La question de *mesurer* une grandeur ne présente par
elle-même à l'esprit d'autre idée que celle de la simple
comparaison immédiate de cette grandeur avec une autre
grandeur semblable supposée connue, qu'on prend pour
unité entre toutes celles de la même espèce. Ainsi, quand
on se borne à définir les mathématiques comme ayant
pour objet la mesure des grandeurs, on en donne une idée
fort imparfaite, car il est même impossible de voir par là
comment il y a lieu, sous ce rapport, à une science quelconque, et surtout à une science aussi vaste et aussi profonde qu'est réputée l'être avec raison la science mathématique. Au lieu d'un immense enchaînement de travaux
rationnels très-prolongés, qui offrent à notre activité
intellectuelle un aliment inépuisable, la science paraîtrait seulement consister, d'après un tel énoncé, dans
une simple suite de procédés mécaniques, pour obtenir
directement, à l'aide d'opérations analogues à la superposition des lignes, les rapports des quantités à mesurer
à celles par lesquelles on veut les mesurer. Néanmoins,

cette définition n'a point réellement d'autre défaut que
de n'être pas suffisamment approfondie. Elle n'induit
point en erreur sur le véritable but final des mathématiques; seulement elle présente comme direct un objet
qui, presque toujours, est, au contraire, fort indirect, et
par là, elle ne fait nullement concevoir la nature de la
science.

Pour y parvenir, il faut d'abord considérer un fait général, très-facile à constater. C'est que la mesure *directe*
d'une grandeur, par la superposition ou par quelque
procédé semblable, est le plus souvent pour nous une
opération tout-à-fait impossible : en sorte que si nous
n'avions pas d'autre moyen pour déterminer les grandeurs que les comparaisons immédiates, nous serions
obligés de renoncer à la connaissance de la plupart de
celles qui nous intéressent.

On comprendra toute l'exactitude de cette observation
générale, en se bornant à considérer spécialement le cas
particulier qui présente évidemment le plus de facilité,
celui de la mesure d'une ligne droite par une autre
ligne droite. Cette comparaison, qui, de toutes celles
que nous pouvons imaginer, est sans contredit la plus
simple, ne peut néanmoins presque jamais être effectuée immédiatement. En réfléchissant à l'ensemble des
conditions nécessaires pour qu'une ligne droite soit
susceptible d'une mesure directe, on voit que le plus souvent elles ne peuvent point être remplies à la fois, relativement aux lignes que nous désirons connaître. La
première et la plus grossière de ces conditions, celle
de pouvoir parcourir la ligne d'un bout à l'autre, pour

porter successivement l'unité dans toute son étendue,
exclut évidemment déjà la très-majeure partie des distances qui nous intéressent le plus; d'abord toutes les
distances entre les différents corps célestes, ou de la terre
à quelqu'autre corps céleste, et ensuite même la plupart
des distances terrestres, qui sont si fréquemment inaccessibles. Quand cette première condition se trouve accomplie, il faut encore que la longueur ne soit ni trop
grande ni trop petite, ce qui rendrait la mesure directe
également impossible; il faut qu'elle soit convenablement
située, etc. La plus légère circonstance, qui abstraitement ne paraîtrait devoir introduire aucune nouvelle
difficulté, suffira souvent, dans la réalité, pour nous interdire toute mesure directe. Ainsi, par exemple, telle
ligne que nous pourrions mesurer exactement avec la
plus grande facilité, si elle était horizontale, il suffira
de la concevoir edressée verticalement, pour que la mesure en devienne impossible. En un mot, la mesure immédiate d'une ligne droite présente une telle complication de difficultés, surtout quand on veut y apporter
quelque exactitude, que presque jamais nous ne rencon-
trons d'autres lignes susceptibles d'être mesurées directement avec précision, du moins parmi celles d'une certaine grandeur, que des lignes purement artificielles,
créées expressément par nous pour comporter une détermination directe, et auxquelles nous parvenons à rattacher toutes les autres.

Ce que je viens d'établir relativement aux lignes se
conçoit, à bien plus forte raison, des surfaces, des
volumes, des vitesses, des temps, des forces, etc., et,

en général, de toutes les autres grandeurs susceptibles
d'appréciation exacte, et qui, par leur nature, présentent
nécessairement beaucoup plus d'obstacles encore à une
mesure immédiate. Il est donc inutile de s'y arrêter, et
nous devons regarder comme suffisamment constatée
l'impossibilité de déterminer, en les mesurant directement, la plupart des grandeurs que nous désirons connaître. C'est ce fait général qui nécessite la formation
de la science mathématique, comme nous allons le voir.
Car, renonçant, dans presque tous les cas, à la mesure
immédiate des grandeurs, l'esprit humain a dû chercher
à les déterminer indirectement, et c'est ainsi qu'il a été
conduit à la création des mathématiques.

La méthode générale qu'on emploie constamment, la
seule évidemment qu'on puisse concevoir, pour connaître des grandeurs qui ne comportent point une
mesure directe, consiste à les rattacher à d'autres qui
soient susceptibles d'être déterminées immédiatement,
et d'après lesquelles on parvient à découvrir les premières, au moyen des relations qui existent entre les
unes et les autres. Tel est l'objet précis de la science
mathématique envisagée dans son ensemble. Pour s'en
faire une idée suffisamment étendue, il faut considérer
que cette détermination indirecte des grandeurs peut
être indirecte à des degrés fort différents. Dans un grand
nombre de cas, qui souvent sont les plus importants,
les grandeurs, à la détermination desquelles on ramène
la recherche des grandeurs principales qu'on veut connaître, ne peuvent point elles-mêmes être mesurées
immédiatement, et doivent par conséquent, à leur tour,

devenir le sujet d'une question semblable, et ainsi de suite; en sorte que, dans beaucoup d'occasions, l'esprit humain est obligé d'établir une longue suite d'intermédiaires entre le système des grandeurs inconnues qui sont l'objet définitif de ces recherches, et le système des grandeurs susceptibles de mesure directe, d'après lesquelles on détermine finalement les premières, et qui ne paraissent d'abord avoir avec celles-ci aucune liaison.

Quelques exemples vont suffire pour éclaircir ce que les généralités précédentes pourraient présenter de trop abstrait.

Considérons, en premier lieu, un phénomène naturel très simple qui puisse néanmoins donner lieu à une question mathématique réelle et susceptible d'applications effectives, le phénomène de la chute verticale des corps pesants.

En observant ce phénomène, l'esprit le plus étranger aux conceptions mathématiques reconnaît sur-le-champ que les deux quantités qu'il présente, savoir : la hauteur d'où un corps est tombé, et le temps de sa chute, sont nécessairement liées l'une à l'autre, puisqu'elles varient ensemble, et restent fixes simultanément; ou, suivant le langage des géomètres, qu'elles sont *fonction* l'une de l'autre. Le phénomène, considéré sous ce point de vue, donne donc lieu à une question mathématique, qui consiste à suppléer à la mesure directe de l'une de ces deux grandeurs lorsqu'elle sera impossible, par la mesure de l'autre. C'est ainsi, par exemple, qu'on pourra déterminer indirectement la profondeur d'un précipice, en se

bornant à mesurer le temps qu'un corps emploierait à
tomber jusqu'au fond ; et, en procédant convenablement,
cette profondeur inaccessible sera connue avec tout
autant de précision que si c'était une ligne horizontale
placée dans les circonstances les plus favorables à une
mesure facile et exacte. Dans d'autres occasions, c'est la
hauteur d'où le corps est tombé qui sera facile à connaître, tandis que le temps de la chute ne pourrait point
être observé directement : alors le même phénomène
donnera lieu à la question inverse, déterminer le temps
d'après la hauteur ; comme, par exemple, si l'on voulait
connaître quelle sera la durée de la chute verticale d'un
corps tombant de la lune sur la terre.

Dans l'exemple précédent, la question mathématique
est fort simple, du moins quand on n'a pas égard à la
variation d'intensité de la pesanteur, ni à la résistance
du fluide que le corps traverse dans sa chute. Mais, pour
agrandir la question, il suffira de considérer le même
phénomène dans sa plus grande généralité, en supposant
la chute oblique, et tenant compte de toutes les circonstances principales. Alors, au lieu d'offrir simplement
deux quantités variables liées entre elles par une relation
facile à suivre, le phénomène en présentera un plus
grand nombre, l'espace parcouru, soit dans le sens ver-
tical, soit dans le sens horizontal, le temps employé à le
parcourir, la vitesse du corps à chaque point de sa
course, et même l'intensité et la direction de son impul-
sion primitive, qui pourront aussi être envisagées comme
variables, et enfin, dans certains cas, pour tenir compte
de tout, la résistance du milieu et l'énergie de la gravité.

Toutes ces diverses quantités seront liées entre elles, de telle sorte que chacune à son tour pourra être déterminée indirectement d'après les autres, ce qui présentera autant de recherches mathématiques distinctes, qu'il y aura de grandeurs co-existantes dans le phénomène considéré. Ce changement très simple dans les conditions physiques d'un problème pourra faire, comme il arrive en effet pour l'exemple cité, qu'une recherche mathématique, primitivement fort élémentaire, se place tout à coup au rang des questions les plus difficiles, dont la solution complète et rigoureuse surpasse jusqu'à présent toutes les plus grandes forces de l'esprit humain.

Prenons un second exemple dans les phénomènes géométriques. Qu'il s'agisse de déterminer une distance qui n'est pas susceptible de mesure directe; on la concevra généralement comme faisant partie d'une *figure,* ou d'un système quelconque de lignes, choisi de telle manière que tous ses autres éléments puissent être observés immédiatement; par exemple, dans le cas le plus simple et auquel tous les autres peuvent se réduire finalement, on considérera la distance proposée comme appartenant à un triangle, dans lequel on pourrait déterminer directement, soit un autre côté et deux angles, soit deux côtés et un seul angle. Dès lors, la connaissance de la distance cherchée, au lieu d'être obtenue immédiatement, sera le résultat d'un travail mathématique qui consistera à la déduire des éléments observés, d'après la relation qui la lie avec eux. Ce travail pourra devenir successivement de plus en plus compliqué, si les éléments supposés connus ne pouvaient, à leur tour, comme il arrive le plus souvent, être déterminés que d'une manière indirecte, à l'aide de nouveaux systèmes auxiliaires, dont le nombre, dans les grandes opérations de ce genre, finit par devenir quelquefois très considérable. La distance une fois déterminée, cette seule connaissance suffira fréquemment pour faire obtenir de nouvelles quantités, qui offriront le sujet de nouvelles questions mathématiques. Ainsi, quand on sait à quelle distance est situé un objet, la simple observation, toujours possible, de son diamètre apparent, doit évidemment permettre de déterminer indirectement, quelqu'inaccessible qu'il puisse être, ses dimensions réelles, et, par une suite de recherches analogues, sa surface, son volume, son poids même, et une foule d'autres propriétés, dont la connaissance semblait devoir nous être nécessairement interdite.

C'est par de tels travaux que l'homme a pu parvenir à connaître, non seulement les distances des astres à la terre, et par suite, entre eux, mais leur grandeur effective, leur véritable figure, jusqu'aux inégalités de leur surface, et, ce qui semble se dérober bien plus encore à nos moyens d'investigation, leurs masses respectives, leurs densités moyennes, les circonstances principales de la chute des corps pesants à la surface de chacun d'eux, etc. Par la puissance des théories mathématiques, tous ces divers résultats, et bien d'autres encore relatifs aux différentes classes de phénomènes naturels, n'ont exigé définitivement d'autres mesures immédiates que celles d'un très petit nombre de lignes droites, convenablement choisies, et d'un plus grand nombre d'angles.

On peut même dire, en toute rigueur, pour indiquer d'un
seul trait la portée générale de la science, que si l'on ne
craignait pas avec raison de multiplier sans nécessité les
opérations mathématiques, et si, par conséquent, on ne
devait pas les réserver seulement pour la détermination
des quantités qui ne pourraient nullement être mesurées
directement, ou d'une manière assez exacte, la connaissance de toutes les grandeurs susceptibles d'estimation
précise que les divers ordres de phénomènes peuvent
nous offrir serait finalement réductible à la mesure
immédiate d'une ligne droite unique et d'un nombre
d'angles convenable.

Nous sommes donc parvenus maintenant à définir avec
exactitude la science mathématique, en lui assignant pour
but, la mesure *indirecte* des grandeurs, et disant qu'on
s'y propose constamment de *déterminer les grandeurs les
unes par les autres, d'après les relations précises qui existent
entre elles* Cet énoncé, au lieu de donner seulement l'idée
d'un *art*, comme le font jusqu'ici toutes les définitions
ordinaires, caractérise immédiatement une véritable
science, et la montre sur-le-champ composée d'un immense enchaînement d'opérations intellectuelles, qui
pourront évidemment devenir très compliquées, à raison
de la suite d'intermédiaires qu'il faudra établir entre les
quantités inconnues et celles qui comportent une mesure
directe, du nombre des variables co-existantes dans la
question proposée, et de la nature des relations que
fourniront entre toutes ces diverses grandeurs les phénomènes considérés. D'après une telle définition, l'esprit
mathématique consiste à regarder toujours comme liées

entre elles toutes les quantités que peut présenter un phénomène quelconque, dans la vue de les déduire les unes des autres. Or, il n'y a pas évidemment de phénomène qui ne puisse donner lieu à des considérations de ce genre; d'où résulte l'étendue naturellement indéfinie et même la rigoureuse universalité logique de la science mathématique : nous chercherons plus loin à circonscrire aussi exactement que possible son extension effective.

Les explications précédentes établissent clairement la justification du nom employé pour désigner la science que nous considérons. Cette dénomination, qui a pris aujourd'hui une acception si déterminée, signifie simplement par elle-même la *science* en général. Une telle désignation, rigoureusement exacte pour les Grecs, qui n'avaient pas d'autre *science* réelle, n'a pu être conservée par les modernes que pour indiquer les mathématiques comme la *science* par excellence. Et, en effet, la définition à laquelle nous venons d'être conduits, si on en écarte la circonstance de la précision des déterminations, n'est autre chose que la définition de toute véritable science quelconque, car chacune n'a-t-elle pas nécessairement pour but de déterminer des phénomènes les uns par les autres, d'après les relations qui existent entre eux? Toute *science* consiste dans la coordination des faits; si les diverses observations étaient entièrement isolées, il n'y aurait pas de science. On peut même dire généralement que la *science* est essentiellement destinée à dispenser, autant que le comportent les divers phénomènes, de toute observation directe, en permettant de déduire du plus petit nombre possible de données immédiates, le plus grand nombre possible de résultats. N'est-ce point là, en effet, l'usage réel, soit dans la spéculation, soit dans l'action, des *lois* que nous parvenons à découvrir entre les phénomènes naturels? La science mathématique ne fait, d'après cela, que pousser au plus haut degré possible, tant sous le rapport de la quantité que sous celui de la qualité, sur les sujets véritablement de son ressort, le même genre de recherches que poursuit, à des degrés plus ou moins inférieurs, chaque science réelle, dans sa sphère respective.

C'est donc par l'étude des mathématiques, et seulement par elle, que l'on peut se faire une idée juste et approfondie de ce que c'est qu'une *science*. C'est là uniquement qu'on doit chercher à connaître avec précision la méthode générale que l'esprit humain emploie constamment dans toutes ses recherches positives, parce que nulle part ailleurs les questions ne sont résolues d'une manière aussi complète, et les déductions prolongées aussi loin avec une sévérité rigoureuse. C'est là également que notre entendement a donné les plus grandes preuves de sa force, parce que les idées qu'il y considère sont du plus haut degré d'abstraction possible dans l'ordre positif. Toute éducation scientifique qui ne commence point par une telle étude pèche donc nécessairement par sa base.

Nous avons jusqu'ici envisagé la science mathématique seulement dans son ensemble total, sans avoir aucun égard à ses divisions. Nous devons maintenant, pour compléter cette vue générale et nous former une juste idée du caractère philosophique de la science, considérer sa division fondamentale. Les divisions secondaires seront examinées dans les leçons suivantes.

Cette division principale ne saurait être vraiment rationnelle, et dériver de la nature même du sujet, qu'autant qu'elle se présentera spontanément, en faisant l'analyse exacte d'une question mathématique complète. Ainsi, après avoir déterminé ci-dessus quel est l'objet général des travaux mathématiques, caractérisons maintenant avec précision les divers ordres principaux de recherches dont ils se composent constamment.

La solution complète de toute question mathématique se décompose nécessairement en deux parties, d'une nature essentiellement distincte, et dont la relation est invariablement déterminée. En effet, nous avons vu que toute recherche mathématique a pour objet de déterminer des grandeurs inconnues, d'après les relations qui existent entre elles et des grandeurs connues. Or, il faut évidemment d'abord, à cette fin, parvenir à connaître avec précision les relations existantes entre les quantités que l'on considère. Ce premier ordre de recherches constitue ce que j'appelle la partie *concrète* de la solution. Quand elle est terminée, la question change de nature; elle se réduit à une pure question de nombres, consistant simplement désormais à déterminer des nombres inconnus, lorsqu'on sait quelles relations précises les lient à des nombres connus. C'est dans ce second ordre de recherches que consiste ce que je nomme la partie *abstraite* de la solution. De là résulte la division fondamentale de la science mathématique générale en deux grandes sciences, la mathématique abstraite et la mathématique concrète.

Cette analyse peut être observée dans toute question mathématique complète, quelque simple ou quelque compliquée qu'elle soit. Il suffira, pour la faire bien comprendre, d'en indiquer un seul exemple.

Reprenant le phénomène déjà cité de la chute verticale d'un corps pesant, et considérant le cas le plus simple, on voit que pour parvenir à déterminer l'une par l'autre la hauteur d'où le corps est tombé et la durée de sa chute, il faut commencer par découvrir la relation exacte de ces deux quantités, ou, suivant le langage des géomètres, l'*équation* qui existe entre elles. Avant que cette première recherche soit terminée, toute tentative pour déterminer numériquement la valeur de l'une de ces deux grandeurs par celle de l'autre serait évidemment prématurée, car elle n'aurait aucune base. Il ne suffit pas de savoir vaguement qu'elles dépendent l'une de l'autre, ce que tout le monde aperçoit sur le champ, mais il faut déterminer en quoi consiste cette dépendance ; ce qui peut être fort difficile, et constitue en effet, dans le cas actuel, la partie incomparablement supérieure du problème. Le véritable esprit scientifique est si moderne et encore tellement rare, que personne peut-être avant Galilée n'avait seulement remarqué l'accroissement de vitesse qu'éprouve un corps dans sa chute, ce qui exclut l'hypothèse, vers laquelle notre intelligence, toujours portée involontairement à supposer dans chaque phénomène les *fonctions* les plus simples, sans aucun autre motif que sa plus grande facilité à les con-

cevoir, serait naturellement entraînée : la hauteur pro-
portionnelle au temps. En un mot, ce premier travail
aboutit à la découverte de la loi de Galilée. Quand cette
partie concrète est terminée, la recherche devient d'une
toute autre nature. Sachant que les espaces parcourus
par le corps dans chaque seconde successive de sa chute
croissent comme la suite des nombres impairs, c'est
alors une question purement numérique et abstraite que
d'en déduire ou la hauteur d'après le temps, ou le
temps par la hauteur, ce qui consistera à trouver que,
d'après la loi établie, la première de ces deux quantités
est un multiple connu de la seconde puissance de l'autre,
d'où l'on devra finalement conclure la valeur de l'une
quand celle de l'autre sera donnée.

Dans cet exemple, la question concrète est plus difficile que la question abstraite. Ce serait l'inverse, si l'on
considérait le même phénomène dans sa plus grande
généralité, tel que je l'ai envisagé plus haut pour un
autre motif. Suivant les cas, ce sera tantôt la première,
tantôt la seconde de ces deux parties qui constituera la
principale difficulté de la question totale ; la loi mathématique du phénomène pouvant être très simple, mais
difficile à obtenir, et, dans d'autres occasions, facile à
découvrir, mais fort compliquée : en sorte que les deux
grandes sections de la science mathématique, quand on
les compare en masse, doivent être regardées comme
exactement équivalentes en étendue et en difficulté,
aussi bien qu'en importance, ainsi que nous le constate-
rons plus tard en considérant chacune d'elles séparément.

Ces deux parties, essentiellement distinctes, d'après
l'explication précédente, par l'objet que l'esprit s'y propose, ne le sont pas moins par la nature des recherches
dont elles se composent.

La première doit porter le nom de *concrète*, car elle
dépend évidemment du genre des phénomènes considérés, et doit varier nécessairement lorsqu'on envisagera
de nouveaux phénomènes; tandis que la seconde est
complètement indépendante de la nature des objets exa-
minés, et porte seulement sur les relations numériques
qu'ils présentent, ce qui doit la faire appeler *abstraite*.
Les mêmes relations peuvent exister dans un grand
nombre de phénomènes différents, qui, malgré leur extrême diversité, seront envisagés par le géomètre comme
offrant une question analytique, susceptible, en l'étudiant
isolément, d'être résolue une fois pour toutes. Ainsi,
par exemple, la même loi qui règne entre l'espace et le
temps, quand on examine la chute verticale d'un corps
dans le vide, se retrouve pour d'autres phénomènes qui
n'offrent aucune analogie avec le premier ni entre eux :
car elle exprime aussi la relation entre l'aire d'un corps
sphérique et la longueur de son diamètre; elle détermine également le décroissement de l'intensité de la lumière ou de la chaleur à raison de la distance des objets
éclairés ou échauffés, etc. La partie abstraite, commune
à ces diverses questions mathématiques, ayant été traitée
à l'occasion d'une seule d'entre elles, se trouvera l'être,
par cela même, pour toutes les autres; tandis que la
partie concrète devra nécessairement être reprise
pour chacune séparément, sans que la solution de quel-

ques-unes puissent fournir, sous ce rapport, aucun sé-
cours direct pour celle des suivantes. Il est impossible
d'établir de véritables méthodes générales qui, par une
marche déterminée et invariable, assurent, dans tous les
cas, la découverte des relations existantes entre les
quantités, relativement à des phénomènes quelconques :
ce sujet ne comporte nécessairement que des méthodes
spéciales pour telle ou telle classe de phénomènes géométriques, ou mécaniques, ou thermologiques, etc. On
peut, au contraire, de quelque source que proviennent
les quantités considérées, établir des méthodes uni-
formes pour les déduire les unes des autres, en supposant connues leurs relations exactes. La partie abstraite
des mathématiques est donc de sa nature générale; la
partie concrète, spéciale.

En présentant cette comparaison sous un nouveau
point de vue, on peut dire que la mathématique concrète a un caractère philosophique essentiellement expérimental, physique, phénoménal; tandis que celui de
la mathématique abstraite est purement logique, rationnel. Ce n'est pas ici le lieu de discuter exactement les
procédés qu'emploie l'esprit humain pour découvrir les
lois mathématiques des phénomènes. Mais, soit que
l'observation précise suggère elle-même la loi, soit,
comme il arrive plus souvent, qu'elle ne fasse que confirmer la loi construite par le raisonnement d'après les
faits les plus communs; toujours est-il certain que cette
loi n'est envisagée comme réelle qu'autant qu'elle se
montre d'accord avec les résultats de l'expérience directe. Ainsi, la partie concrète de toute question mathé-

matique est nécessairement fondée sur la considération
du monde extérieur, et ne saurait jamais, quelle qu'y
puisse être la part du raisonnement, se résoudre par une
simple suite de combinaisons intellectuelles. La partie
abstraite, au contraire, quand elle a été d'abord bien
exactement séparée, ne peut consister que dans une série de déductions rationnelles plus ou moins prolongée.
Car, si l'on a une fois trouvé les équations d'un phénomène, la détermination des unes par les autres des
quantités qu'on y considère, quelques difficultés d'ailleurs qu'elle puisse souvent offrir, est uniquement du
ressort du raisonnement. C'est à l'intelligence qu'il
appartient de déduire de ces équations des résultats
qui y sont évidemment compris, quoique d'une manière peut-être fort implicite, sans qu'il y ait lieu à
consulter de nouveau le monde extérieur, dont la
considération, devenue dès lors étrangère, doit même
être soigneusement écartée pour réduire le travail à sa
véritable difficulté propre.

On voit, par cette comparaison générale, dont je dois
me borner ici à indiquer les traits principaux, combien
est naturelle et profonde la division fondamentale établie ci-dessus dans la science mathématique.

Pour terminer l'exposition générale de cette division,
il ne nous reste plus qu'à circonscrire, aussi exactement
que nous puissions le faire dans ce premier aperçu, chacune des deux grandes sections de la science mathématique.

La *mathématique concrète,* ayant pour objet de découvrir les *équations* des phénomènes, semblerait, *à priori,*

devoir se composer d'autant de sciences distinctes qu'il
y a de catégories réellement différentes pour nous parmi
les phénomènes naturels. Mais il s'en faut de beaucoup
qu'on soit encore parvenu à découvrir des lois mathématiques dans tous les ordres de phénomènes; nous
verrons même tout à l'heure que, sous ce rapport, la
majeure partie se dérobera très vraisemblablement toujours à nos efforts. En réalité, dans l'état présent de
l'esprit humain, il n'y a directement que deux grandes
catégories générales de phénomènes dont on connaisse
constamment les équations; ce sont d'abord les phénomènes géométriques, et ensuite les phénomènes mécaniques. Ainsi, la partie concrète des mathématiques se
compose donc de la géométrie et de la mécanique rationnelle.

Cela suffit, il est vrai, pour lui donner un caractère
complet d'universalité logique, quand on considère l'ensemble des phénomènes du point de vue le plus élevé
de la philosophie naturelle. En effet, si toutes les parties de l'univers étaient conçues comme immobiles, il
n'y aurait évidemment à observer que des phénomènes
géométriques, puisque tout se réduirait à des relations
de forme, de grandeur et de situation; ayant ensuite
égard aux mouvements qui s'y exécutent, il y a lieu à
considérer de plus des phénomènes mécaniques. En appliquant ici, après l'avoir suffisamment généralisée, une
conception philosophique, due à M. de Blainville, et
déjà citée pour un autre usage dans la première leçon
(page 27), on peut donc établir que, vu sous le rapport
statique, l'univers ne présente que des phénomènes géo-

métriques; et, sous le rapport dynamique, que des phénomènes mécaniques. Ainsi la géométrie et la mécanique constituent, par elles-mêmes, les deux sciences naturelles fondamentales, en ce sens, que tous les effets
naturels peuvent être conçus comme de simples résultats nécessaires, ou des lois de l'étendue, ou des lois du
mouvement.

Mais, quoique cette conception soit toujours logiquement possible, la difficulté est de la spécialiser avec la
précision nécessaire, et de la suivre exactement dans
chacun des cas généraux que nous offre l'étude de la
nature, c'est-à-dire de réduire effectivement chaque
question principale de philosophie naturelle, pour tel
ordre de phénomènes déterminé, à la question de géométrie ou de mécanique, à laquelle on pourrait rationnellement la supposer ramenée. Cette transformation,
qui exige préalablement de grands progrès dans l'étude
de chaque classe de phénomènes, n'a été réellement
exécutée jusqu'ici que pour les phénomènes astronomiques, et pour une partie de ceux que considère la
physique terrestre proprement dite. C'est ainsi que l'astronomie, l'acoustique, l'optique, etc., sont devenues
finalement des applications de la science mathématique
à de certains ordres d'observations (1). Mais, ces appli-

---

(1) Je dois faire ici, par anticipation, une mention sommaire de la
thermologie, à laquelle je consacrerai plus tard une leçon spéciale. La
théorie mathématique des phénomènes de la chaleur a pris, par les
mémorables travaux de son illustre fondateur, un tel caractère, qu'on
peut aujourd'hui la concevoir, après la géométrie et la mécanique,
comme une véritable troisième section distincte de la mathématique
concrète, puisque M. Fourier a établi, d'une manière entièrement directe, les équations thermologiques, au lieu de se représenter hypothé-

cations n'étant point, par leur nature, rigoureusement
circonscrites, ce serait assigner à la science un domaine
indéfini et entièrement vague, que de les confondre avec
elle, comme on le fait dans la division ordinaire, si
vicieuse à tant d'autres égards, des mathématiques en
pures et appliquées. Nous persisterons donc à regarder
la mathématique concrète comme uniquement composée
de la géométrie et de la mécanique.

Quant à la *mathématique abstraite,* dont j'examinerai
la division générale dans la leçon suivante, sa nature est
nettement et exactement déterminée. Elle se compose de
ce qu'on appelle le *calcul,* en prenant ce mot dans sa
plus grande extension, qui embrasse depuis les opérations numériques les plus simples jusqu'aux plus sublimes combinaisons de l'analyse transcendante. Le
calcul a pour objet propre de résoudre toutes les ques
tions de nombres. Son point de départ est, constammen
et nécessairement, la connaissance de relations précises,
c'est-à-dire d'*équations,* entre les diverses grandeurs que
l'on considère simultanément, ce qui est, au contraire,

---

tiquement les questions comme des applications de la mécanique, ainsi
qu'on a tenté de le faire pour les phénomènes électriques, par exemple.
Cette grande découverte, qui, comme toutes celles qui se rapportent
à la méthode, n'est pas encore convenablement appréciée, mérite singulièrement notre attention ; car, outre son importance immédiate pour
l'étude vraiment rationnelle et positive d'un ordre de phénomènes aussi
universel et aussi fondamental, elle tend à relever nos espérances philosophiques, quant à l'extension future des applications légitimes de
l'analyse mathématique, ainsi que je l'expliquerai dans le second volume de ce cours, en examinant le caractère général de cette nouvelle
série de travaux. Je n'aurais pas hésité dès à présent à traiter la thermologie, ainsi conçue, comme une troisième branche principale de la mathématique concrète, si je n'avais craint de diminuer l'utilité de cet
ouvrage en m'écartant trop des habitudes ordinaires.

le terme de la mathématique concrète. Quelque compliquées ou quelque indirectes que puissent être d'ailleurs
ces relations, le but final de la science du *calcul* est d'en
déduire toujours les valeurs des quantités inconnues par
celles des quantités connues. Cette *science,* bien que plus
perfectionnée qu'aucune autre, est, sans doute, réellement
peu avancée encore, en sorte que ce but est rarement
atteint d'une manière complètement satisfaisante. Mais
tel n'en est pas moins son vrai caractère. Pour concevoir
nettement la véritable nature d'une science, il faut toujours la supposer parfaite.

Afin de résumer le plus philosophiquement possible
les considérations ci-dessus exposées sur la division
fondamentale des mathématiques, il importe de remarquer qu'elle n'est qu'une application du principe général
de classification qui nous a permis d'établir, dans la
leçon précédente, la hiérarchie rationnelle des différentes
sciences positives.

Si l'on compare, en effet, d'une part le calcul, et d'une
autre part la géométrie et la mécanique, on vérifie,
relativement aux idées considérées dans chacune de ces
deux sections principales de la mathématique, tous les
caractères essentiels de notre méthode encyclopédique.
Les idées analytiques sont évidemment à la fois plus
abstraites, plus générales et plus simples que les idées
géométriques ou mécaniques. Bien que les conceptions
principales de l'analyse mathématique, envisagées historiquement, se soient formées sous l'influence des considérations de géométrie ou de mécanique, au perfectionnement desquelles les progrès du calcul sont étroitement

liés, l'analyse n'en est pas moins, sous le point de vue logique, essentiellement indépendante de la géométrie et de la mécanique, tandis que celles-ci sont, au contraire, nécessairement fondées sur la première.

L'analyse mathématique est donc, d'après les principes que nous avons constamment suivis jusqu'ici, la véritable base rationnelle du système entier de nos connaissances positives. Elle constitue la première et la plus parfaite de toutes les sciences fondamentales. Les idées dont elle s'occupe sont les plus universelles, les plus abstraites et les plus simples que nous puissions réellement concevoir. On ne saurait tenter d'aller plus loin, sous ces trois rapports équivalents, sans tomber inévitablement dans les rêveries métaphysiques. Car, quel *substractum* effectif pourrait-il rester dans l'esprit pour servir de sujet positif au raisonnement, si on voulait supprimer encore quelque circonstance dans les notions des quantités indéterminées, constantes ou variables, telles que les géomètres les emploient aujourd'hui, afin de s'élever à un prétendu degré supérieur d'abstraction, comme le croient les ontologistes?

Cette nature propre de l'analyse mathématique permet de s'expliquer aisément pourquoi, lorsqu'elle est convenablement employée, elle nous offre un si puissant moyen, non seulement pour donner plus de précision à nos connaissances réelles, ce qui est évident de soi-même, mais surtout pour établir une coordination infiniment plus parfaite dans l'étude des phénomènes qui comportent cette application. Car, les conceptions ayant été généralisées et simplifiées le plus possible, à tel point qu'une seule question analytique, résolue abstraitement, renferme la solution implicite d'une foule de questions physiques diverses, il doit nécessairement en résulter pour l'esprit humain une plus grande facilité à apercevoir des relations entre des phénomènes qui semblaient d'abord entièrement isolés les uns des autres, et desquels on est ainsi parvenu à tirer, pour le considérer à part, tout ce qu'ils ont de commun. C'est ainsi qu'en examinant la marche de notre intelligence dans la solution des questions importantes de géométrie et de mécanique, nous voyons surgir naturellement, par l'intermédiaire de l'analyse, les rapprochements les plus fréquents et les plus inattendus entre des problèmes qui n'offraient primitivement aucune liaison apparente, et que nous finissons souvent par envisager comme identiques. Pourrions-nous, par exemple, sans le secours de l'analyse, apercevoir la moindre analogie entre la détermination de la direction d'une courbe à chacun de ses points, et celle de la vitesse acquise par un corps à chaque instant de son mouvement varié, questions qui, quelque diverses qu'elles soient. n'en font qu'une, aux yeux du géomètre?

La haute perfection relative de l'analyse mathématique, comparée à toutes les autres branches de nos connaissances positives, se conçoit avec la même facilité, quand on a bien saisi son vrai caractère général. Cette perfection ne tient pas, comme l'ont cru les métaphysiciens, et surtout Condillac, d'après un examen superficiel, à la nature des signes éminemment concis et généraux qu'on emploie comme instruments de raisonnement. Dans cette importante occasion spéciale, comme dans toutes les autres, l'influence des signes a été considérablement exagérée, bien qu'elle soit sans doute très réelle, ainsi que l'avaient reconnu, avant Condillac, et d'une manière bien plus exacte, la plupart des géomètres. En réalité, toutes les grandes conceptions analytiques ont été formées sans que les signes algébriques fussent d'aucun secours essentiel, autrement que pour les exploiter après que l'esprit les avait obtenues. La perfection supérieure de la science du calcul tient principalement à l'extrême simplicité des idées qu'elle considère, par quelques signes qu'elles soient exprimées: en sorte qu'il n'y a pas le moindre espoir, à l'aide d'aucun artifice quelconque du langage scientifique, même en le supposant possible, de perfectionner au même degré des théories qui, portant sur des notions plus complexes, sont nécessairement condamnées, par leur nature, à une infériorité logique plus ou moins grande suivant la classe correspondante de phénomènes.

L'examen que nous avons tenté de faire, dans cette leçon, du caractère philosophique de la science mathématique, resterait incomplet, si, après l'avoir envisagée dans son objet et dans sa composition, nous n'indiquions pas quelques considérations générales directement relatives à l'étendue réelle de son domaine.

A cet effet, il est indispensable de reconnaître avant tout, pour se faire une juste idée de la véritable nature des mathématiques, que, sous le point de vue purement logique, cette science est, par elle-même, nécessairement et rigoureusement universelle. Car il n'y a pas de

question quelconque qui ne puisse finalement être
conçue comme consistant à déterminer des quantités les
unes par les autres d'après certaines relations, et, par
conséquent, comme réductible, en dernière analyse, à
une simple question de nombres. On le comprendra si
l'on remarque effectivement que, dans toutes nos recherches, à quelque ordre de phénomènes qu'elles se
rapportent, nous avons définitivement en vue d'arriver
à des nombres, à des doses. Quoique nous n'y parvenions le plus souvent que d'une manière fort grossière
et d'après des méthodes très incertaines, il n'en est pas
moins évident que tel est le terme réel de tous nos problèmes quelconques. Ainsi, pour prendre un exemple
dans la classe de phénomènes la moins accessible à
l'esprit mathématique, les phénomènes des corps vivants, considérés même, pour plus de complication,
dans le cas pathologique, n'est-il pas manifeste que
toutes les questions de thérapeutique peuvent être envisagées comme consistant à déterminer les quantités de
tous les divers modificateurs de l'organisme qui doivent
agir sur lui pour le ramener à l'état normal, en admet-
tant, suivant l'usage des géomètres, les valeurs nulles,
négatives, ou même contradictoires, pour quelques-
unes de ces quantités dans certains cas? Sans doute,
une telle manière de se représenter la question ne peut
être en effet réellement suivie, comme nous allons le
voir, pour les phénomènes les plus complexes, parce
qu'elle nous présente dans l'application des difficultés
insurmontables; mais quand il s'agit de concevoir
abstraitement toute la portée intellectuelle d'une science,

il importe de lui supposer l'extension totale dont elle est
logiquement susceptible.

On objecterait vainement contre une telle conception
la division générale des idées humaines selon les deux
catégories de Kant, de la quantité, et de la qualité, dont
la première seule constituerait le domaine exclusif de la
science mathématique. Le développement même de
cette science a montré positivement depuis longtemps
le peu de réalité de cette superficielle distinction métaphysique. Car la conception fondamentale de Descartes
sur la relation du concret à l'abstrait en mathématiques
a prouvé que toutes les idées de qualité étaient réductibles à des idées de quantité. Cette conception, établie
d'abord, par son immortel auteur, pour les phénomènes
géométriques seulement, a été ensuite effectivement
étendue par ses successeurs aux phénomènes mécaniques; et elle vient de l'être de nos jours aux phénomènes thermologiques. En résultat de cette généralisa-
tion graduelle, il n'y a pas maintenant de géomètres qui
ne la considèrent, dans un sens purement théorique,
comme pouvant s'appliquer à toutes nos idées réelles
quelconques, en sorte que tout phénomène soit logiquement susceptible d'être représenté par une *équation,*
aussi bien qu'une courbe ou un mouvement, sauf la difficulté de la trouver, et celle de la *résoudre,* qui peuvent
être et sont souvent supérieures aux plus grandes forces
de l'esprit humain.

Mais si, pour se former une idée convenable de la
science mathématique, il importe de la concevoir comme
étant nécessairement douée par sa nature d'une rigou-

reuse universalité logique, il n'est pas moins indispensable de considérer maintenant les grandes limitations
réelles qui, vu la faiblesse de notre intelligence, rétré-
cissent singulièrement son domaine effectif, à mesure
que les phénomènes se compliquent en se spécialisant.

Toute question peut sans doute, ainsi que nous venons de le voir, être conçue comme réductible à une pure
question de nombres. Mais la difficulté de la traiter
réellement sous ce point de vue, c'est-à-dire d'effectuer
une telle transformation, est d'autant plus grande, dans
les diverses parties essentielles de la philosophie naturelle, que l'on considère des phénomènes plus compliqués, en sorte que, sauf pour les phénomènes les plus
simples et les plus généraux, elle devient bientôt insurmontable.

On le sentira aisément, si l'on considère que, pour
faire rentrer une question dans le domaine de l'analyse
mathématique, il faut d'abord être parvenu à découvrir
des relations précises entre les quantités co-existantes
dans le phénomène étudié, l'établissement de ces équations des phénomènes étant le point de départ nécessaire de tous les travaux analytiques. Or, cela doit être
évidemment d'autant plus difficile qu'il s'agit de phénomènes plus particuliers, et par suite plus compliqués.
En examinant sous ce point de vue les diverses catégories fondamentales des phénomènes naturels établis
dans la leçon précédente, on trouvera que, tout bien
considéré, c'est seulement au plus pour les trois premières, comprenant toute la *physique inorganique,* qu'on
peut légitimement espérer d'atteindre un jour ce haut

degré de perfection scientifique, autant du moins qu'une telle limite peut être posée avec précision. Comme je dois plus tard traiter spécialement cette discussion par rapport à chaque science fondamentale, il suffira de l'indiquer ici de la manière la plus générale.

La première condition pour que des phénomènes comportent des lois mathématiques susceptibles d'être découvertes, c'est évidemment que les diverses quantités qu'ils présentent puissent donner lieu à des nombres fixes. Or, en comparant, à cet égard, les deux grandes sections principales de la philosophie naturelle, on voit que la *physique organique* tout entière, et probablement aussi les parties les plus compliquées de la physique inorganique, sont nécessairement inaccessibles, par leur nature, à notre analyse mathématique, en vertu de l'extrême variabilité numérique des phénomènes correspondants. Toute idée précise de nombres fixes est véritablement déplacée dans les phénomènes des corps vivants, quand on veut l'employer autrement que comme moyen de soulager l'attention, et qu'on attache quelque importance aux relations exactes des valeurs assignées. Sous ce rapport, les réflexions de Bichat, sur l'abus de l'esprit mathématique en physiologie, sont parfaitement justes; on sait à quelles aberrations a conduit cette manière vicieuse de considérer les corps vivants.

Les différentes propriétés des corps bruts, surtout les plus générales, se présentent dans chacun d'eux avec des degrés presque invariables, ou du moins elles n'éprouvent que des variations simples, séparées par de

longs intervalles d'uniformité, et qu'il est possible, en
conséquence, d'assujettir à des lois précises et régulières. Ainsi, les qualités physiques d'un corps inorganique, principalement quand il est solide, sa forme, sa
consistance, sa pesanteur spécifique, son élasticité, etc.,
présentent, pour un temps considérable, une fixité numérique remarquable, qui permet de les considérer réellement et utilement sous un point de vue mathématique.
On sait qu'il n'en est déjà plus ainsi à beaucoup près
pour les phénomènes chimiques que présentent les mêmes
corps, et qui, plus compliqués, dépendant d'un bien plus
grand nombre de circonstances, présentent des variations
plus étendues, plus fréquentes, et par suite plus irrégulières. Aussi, d'après quelques considérations déjà indiquées dans la première leçon (page 37) et qui seront
spécialement développées dans le troisième volume de
ce cours, on ne peut pas seulement assurer aujourd'hui,
d'une manière générale, qu'il y ait lieu à concevoir des
nombres fixes en chimie, même sous le rapport le plus
simple, quant aux proportions relatives des corps dans
leurs combinaisons, ce qui montre clairement combien
un tel ordre de phénomènes est encore loin de comporter
de véritables lois mathématiques. Admettons-en néanmoins, pour ce cas, la possibilité et même la probabilité
futures, afin de ne pas rendre trop minutieuse la discussion de la limite générale qu'il s'agit d'établir ici par
rapport à l'extension, effectivement possible, du domaine
réel de l'analyse mathématique. Il n'y aura plus le moindre doute aussitôt que nous passerons aux phénomènes
que présentent les corps, considérés dans cet état d'agi-

tation intestine continuelle de leurs molécules, qui constitue essentiellement ce que nous nommons la *vie*, envisagée de la manière la plus générale, dans l'ensemble des êtres qui nous la manifestent. En effet, un caractère éminemment propre aux phénomènes physiologiques, et que leur étude plus exacte rend maintenant plus sensible de jour en jour, c'est l'extrême instabilité numérique qu'ils présentent, sous quelque aspect qu'on les examine, et que nous verrons plus tard, quand l'ordre naturel des matières nous y conduira, être une conséquence nécessaire de la définition même des corps vivants. Quant à présent, il suffit de noter cette observation incontestable, vérifiée par tous les faits, que chaque propriété quelconque d'un corps organisé, soit géométrique, soit mécanique, soit chimique, soit vitale, est assujettie, dans sa quantité, à d'immenses variations numériques tout à fait irrégulières, qui se succèdent aux intervalles les plus rapprochés sous l'influence d'une foule de circonstances, tant extérieures qu'intérieures, variables elles-mêmes; en sorte que toute idée de nombres fixes, et, par suite, de lois mathématiques, que nous puissions espérer d'obtenir, implique réellement contradiction avec la nature spéciale de cette classe de phénomènes. Ainsi, quand on veut évaluer avec précision même uniquement les qualités les plus simples d'un être vivant, par exemple sa densité moyenne, ou celle de l'une de ses principales parties constituantes, sa température, la vitesse de sa circulation intérieure, la proportion des éléments immédiats qui composent ses solides ou ses fluides, la quantité d'oxygène qu'il consomme en un temps donné, la masse de ses absorptions, ou de ses exhalations continuelles, etc., et, à plus forte raison, l'énergie de ses forces musculaires, l'intensité de ses impressions, etc., il ne faut pas seulement, ce qui est évident, faire, pour chacun de ses résultats, autant d'observations qu'il y a d'espèces ou de races et de variétés dans chaque espèce; on doit encore mesurer le changement très considérable qu'éprouve cette quantité en passant d'un individu à un autre, et, quant au même individu, suivant son âge, son état de santé ou de maladie, sa disposition intérieure, les circonstances de tout genre incessamment mobiles sous l'influence desquelles il se trouve placé, telles que la constitution atmosphérique, etc. Que peuvent donc signifier ces prétendues évaluations numériques si soigneusement enregistrées pour les divers phénomènes physiologiques ou même pathologiques, et déduites, dans le cas le plus favorable, d'une seule mesure réelle, lorsqu'il en faudrait une multitude? Elles ne peuvent qu'induire en erreur sur la vraie marche des phénomènes, et ne doivent être appliquées rationnellement que comme un moyen, pour ainsi dire mnémonique de fixer les idées. Dans tous les cas, il y a évidemment impossibilité totale d'obtenir jamais de véritables lois mathématiques. Il en est encore plus fortement de même pour les phénomènes sociaux, qui offrent une complication encore supérieure, et, par suite, une variabilité plus grande, comme nous l'établirons spécialement dans le quatrième volume de ce cours.

Ce n'est pas néanmoins qu'on doive cesser, d'après cela, de concevoir, en thèse philosophique générale, les

phénomènes de tous les ordres comme nécessairement
soumis par eux-mêmes à des lois mathématiques, que
nous sommes seulement condamnés à ignorer toujours
dans la plupart des cas, à cause de la trop grande complication des phénomènes. Il n'y a en effet aucune raison de penser que, sous ce rapport, les phénomènes
les plus complexes des corps vivants soient essentiellement d'une autre nature spéciale que les phénomènes
les plus simples des corps bruts. Car, s'il était possible
d'isoler rigoureusement chacune des causes simples qui
concourent à produire un même phénomène physiologique, tout porte à croire qu'elle se montrerait douée,
dans des circonstances déterminées, d'un genre d'influence et d'une quantité d'action aussi exactement
fixes que nous le voyons dans la gravitation universelle,
véritable type des lois fondamentales de la nature. Ce
qui engendre la variabilité irrégulière des effets, c'est le
grand nombre d'agents divers déterminant à la fois un
même phénomène, et d'où il résulte que, dans les phénomènes très compliqués, il n'y a peut-être pas deux cas
rigoureusement semblables. Nous n'avons pas besoin,
pour trouver une telle difficulté, d'aller jusqu'aux phénomènes des corps vivants. Elle se présente déjà dans
ceux des corps bruts, quand nous considérons les cas
les plus complexes; par exemple, en étudiant les phénomènes météorologiques. On ne peut douter que chacun
des nombreux agents qui concourent à la production de
ces phénomènes ne soient soumis séparément à des lois
mathématiques, quoique nous ignorions encore la plupart d'entre elles; mais leur multiplicité rend les effets

9

observés aussi irrégulièrement variables que si chaque cause n'était assujettie à aucune condition précise.

La considération précédente conduit à apercevoir un second motif distinct en vertu duquel il nous est nécessairement interdit, vu la faiblesse de notre intelligence, de faire rentrer l'étude des phénomènes les plus compliqués dans le domaine des applications de l'analyse mathématique. En effet, indépendamment de ce que, dans les phénomènes les plus spéciaux, les résultats effectifs sont tellement variables que nous ne pouvons pas même y saisir des valeurs fixes, il suit de la complication des cas que, quand même nous pourrions connaître un jour la loi mathématique à laquelle est soumis chaque agent pris à part, la combinaison d'un aussi grand nombre de conditions rendrait le problème mathématique correspondant tellement supérieur à nos faibles moyens que la question resterait le plus souvent insoluble. Ce n'est donc pas ainsi qu'on peut faire une étude réelle et féconde de la majeure partie des phénomènes naturels.

Pour apprécier aussi exactement que possible cette difficulté, considérons à quel point se compliquent les questions mathématiques, même relativement aux phénomènes les plus simples des corps bruts, quand on veut rapprocher suffisamment l'état abstrait de l'état concret, en ayant égard à toutes les conditions principales qui peuvent exercer sur l'effet produit une influence véritable. On sait, par exemple, que le phénomène très simple de l'écoulement d'un fluide, en vertu de sa seule pesanteur, par un orifice donné, n'a pas jusqu'à présent de solution mathématique complète, quand on veut tenir compte de toutes les circonstances essentielles. Il en est encore ainsi, même pour le mouvement encore plus simple d'un projectile solide dans un milieu résistant.

Pourquoi l'analyse mathématique a-t-elle pu s'adapter, avec un succès si admirable, à l'étude approfondie des phénomènes célestes? Parce qu'ils sont, malgré les apparences vulgaires, beaucoup plus simples que tous les autres. Le problème le plus compliqué qu'ils présentent, celui de la modification que produit, dans le mouvement de deux corps tendant l'un vers l'autre en vertu de leur gravitation, l'influence d'un troisième corps agissant sur tous deux de la même manière, est bien moins composé que le problème terrestre le plus simple. Et, néanmoins, il offre déjà une telle difficulté, que nous n'en possédons encore que des solutions approximatives. Il est même aisé de voir, en examinant ce sujet plus profondément, que la haute perfection à laquelle a pu s'élever l'astronomie solaire par l'emploi de la science mathématique est encore essentiellement due à ce que nous avons profité avec adresse de toutes les facilités particulières, et, pour ainsi dire, accidentelles, qu'offrait pour la solution des problèmes, la constitution spéciale, très favorable sous ce rapport, de notre système planétaire. En effet, les planètes dont il se compose sont assez peu nombreuses, mais surtout elles sont, en général, de masses fort inégales et bien moindres que celles du soleil, et de plus fort éloignées les unes des autres; elles ont des formes presque sphériques; leurs orbites sont presque circu-

laires, et présentent de faibles inclinaisons mutuelles, etc.
Il résulte de cet ensemble de circonstances que les per-
turbations sont le plus souvent peu considérables, et que
pour les calculer il suffit ordinairement de tenir compte,
concurremment avec l'action du soleil sur chaque planète en particulier, de l'influence d'une seule autre planète, susceptible, par sa grosseur et sa proximité, de
déterminer des dérangements sensibles. Mais si, au lieu
d'un tel état de choses, notre système solaire eût été
composé d'un plus grand nombre de planètes concentrées
dans un moindre espace, et à peu près égales en masse;
si leurs orbites avaient offert des inclinaisons fort différentes, et des excentricités considérables; si ces corps
eussent été d'une forme plus compliquée, par exemple,
des ellipsoïdes très excentriques, etc.; il est certain
qu'en supposant la même loi réelle de gravitation, nous
ne serions pas encore parvenus à soumettre l'étude des
phénomènes célestes à notre analyse mathématique, et
probablement nous n'eussions pas même pu démêler
jusqu'à présent la loi principale.

Ces conditions hypothétiques se trouveraient précisément réalisées au plus haut degré dans les phénomènes
chimiques, si l'on voulait les calculer d'après la théorie
de la gravitation générale.

En pesant convenablement les diverses considérations qui précèdent, on sera convaincu, je crois, qu'en
réduisant aux diverses parties de la physique inorganique l'extension future des grandes applications réellement possibles de l'analyse mathématique, j'ai bien
plutôt exagéré que rétréci l'étendue de son domaine

effectif. Autant il importait de rendre sensible la rigoureuse universalité logique de la science mathématique,
autant je devais signaler les conditions qui limitent pour
nous son extension réelle, afin de ne pas contribuer à
écarter l'esprit humain de la véritable direction scientifique dans l'étude des phénomènes les plus compliqués,
par la recherche chimérique d'une perfection impossible.

Ainsi, tout en s'efforçant d'agrandir autant qu'on le
pourra le domaine réel des mathématiques, on doit
reconnaître que les sciences les plus difficiles sont destinées, par leur nature, à rester indéfiniment dans cet
état préliminaire qui prépare pour les autres l'époque
où elles deviennent accessibles aux théories mathématiques. Nous devons, pour les phénomènes les plus
compliqués, nous contenter d'analyser avec exactitude
les circonstances de leur production, de les rattacher
les uns aux autres d'une manière générale, de connaître
le genre d'influence qu'exerce chaque agent principal, etc. ; mais sans les étudier sous le point de vue de
la quantité, et par conséquent sans espoir d'introduire,
dans les sciences correspondantes, ce haut degré de perfection que procure, quant aux phénomènes ies plus
simples, un usage convenable de la mathématique, soit
sous le rapport de la précision de nos connaissances,
soit, ce qui est peut-être encore plus remarquable, sous
le rapport de leur coordination.

C'est par les mathématiques que la philosophie positive a commencé à se former : c'est d'elles que nous
vient la *méthode*. Il était donc naturellement inévitable
que, lorsque la même manière de procéder a dû

s'étendre à chacune des autres sciences fondamentales, on s'efforçât d'y introduire l'esprit mathématique à un plus haut degré que ne le comportaient les phénomènes correspondants; ce qui a donné lieu ensuite à des travaux d'épuration plus ou moins étendus, comme ceux de Berthollet sur la chimie, pour se dégager de cette influence exagérée. Mais chaque science, en se développant, a fait subir à la méthode positive générale des modifications déterminées par les phénomènes qui lui sont propres, d'où résulte son génie spécial; c'est seulement alors qu'elle a pris son véritable caractère définitif, qui ne doit jamais être confondu avec celui d'aucune autre science fondamentale.

Ayant exposé, dans cette leçon, le but essentiel et la composition principale de la science mathématique, ainsi que ses relations générales avec l'ensemble de la philosophie naturelle, son caractère philosophique se trouve déterminé, autant qu'il puisse l'être par un tel aperçu. Nous devons passer maintenant à l'examen spécial de chacune des trois grandes sciences dont elle est composée, le calcul, la géométrie et la mécanique.

DIXIÈME LEÇON

Vue générale de la géométrie.

D'après l'explication générale présentée dans la troisième leçon relativement au caractère philosophique de la mathématique concrète, comparé à celui de la mathématique abstraite, je n'ai pas besoin d'établir ici, d'une manière spéciale, que la géométrie doit être considérée comme une véritable science naturelle, seulement bien plus simple et, par suite, beaucoup plus parfaite qu'aucune autre. Cette perfection nécessaire de la géométrie, obtenue essentiellement par l'application, qu'elle comporte si éminemment, de l'analyse mathématique, fait ordinairement illusion sur la nature réelle de cette science fondamentale, que la plupart des esprits conçoivent aujourd'hui comme une science purement rationnelle, tout à fait indépendante de l'observation. Il est néanmoins évident, pour quiconque examine avec attention le caractère des raisonnements géométriques, même dans l'état actuel de la géométrie abstraite, que, si les faits qu'on y considère sont beaucoup plus liés entre eux que ceux relatifs à toute autre science, il existe tou-

jours cependant, par rapport à chaque corps étudié par
les géomètres, un certain nombre de phénomènes primitifs qui, n'étant établis par aucun raisonnement, ne
peuvent être fondés que sur l'observation, et constituent
la base nécessaire de toutes les déductions. L'erreur
commune à cet égard doit être regardée comme un reste
d'influence de l'esprit métaphysique, qui, même dans les
études géométriques, a si longtemps dominé. Indépendamment de sa gravité logique, cette fausse manière de
voir présente continuellement, dans les applications de
la géométrie rationnelle, les plus grands inconvénients,
en ce qu'elle empêche de concevoir nettement le passage
du concret à l'abstrait.

La supériorité scientifique de la géométrie tient, en
général, à ce que les phénomènes qu'elle considère sont
nécessairement les plus universels et les plus simples
de tous. Non seulement tous les corps de la nature
peuvent évidemment donner lieu à des recherches géométriques aussi bien qu'à des recherches mécaniques,
mais, de plus, les phénomènes géométriques subsis-
teraient encore quand même toutes les parties de l'univers seraient supposées immobiles. La géométrie est
donc, par sa nature, plus générale que la mécanique. En
même temps, ses phénomènes sont plus simples; car ils
sont évidemment indépendants des phénomènes mécaniques, tandis que ceux-ci se compliquent toujours nécessairement des premiers Il en est de même, en comparant la géométrie à la thermologie abstraite, qu'on
peut concevoir aujourd'hui depuis les travaux de M. Fourier. ainsi que je l'ai indiqué dans la troisième leçon,

comme une nouvelle branche générale de la mathématique concrète. En effet, les phénomènes thermologiques, considérés même indépendamment des effets dynamiques qui les accompagnent presque constamment, surtout dans les corps fluides, dépendent nécessairement des phénomènes géométriques, puisque la forme des corps influe singulièrement sur la répartition de la chaleur.

C'est pour ces diverses raisons que nous avons dû classer précédemment la géométrie comme la première partie de la mathématique concrète, celle dont l'étude, outre son importance propre, sert de base indispensable à toutes les autres.

Avant de considérer directement l'étude philosophique des divers ordres de recherches qui constituent la géométrie actuelle, il faut se faire une idée nette et exacte de la destination générale de cette science, envisagée dans son ensemble. Tel est l'objet de cette leçon.

On définit communément la géométrie d'une manière très vague et tout à fait vicieuse, en se bornant à la présenter comme *la science de l'étendue*. Il conviendrait d'abord d'améliorer cette définition en disant, avec plus de précision, que la géométrie a pour objet la *mesure* de l'étendue. Mais une telle explication serait, par elle-même, fort insuffisante bien que, au fond, elle soit exacte. Un aperçu aussi imparfait ne peut nullement faire connaître le véritable caractère général de la science géométrique.

Pour y parvenir, je crois devoir éclaircir préalablement deux notions fondamentales, qui, très simples en elles-mêmes, ont été singulièrement obscurcies par l'emploi des considérations métaphysiques.

La première est celle de l'*espace*, qui a donné lieu à tant de raisonnements sophistiques, à des dicussions si creuses et si puériles de la part des métaphysiciens. Réduite à son acception positive, cette conception consiste simplement en ce que, au lieu de considérer l'étendue dans les corps eux-mêmes, nous l'envisageons dans un milieu indéfini, que nous regardons comme contenant tous les corps de l'univers. Cette notion nous est naturellement suggérée par l'observation, quand nous pensons à l'*empreinte* que laisserait un corps dans un fluide où il aurait été placé. Il est clair, en effet, que, sous le rapport géométrique, une telle *empreinte* peut être substituée au corps lui-même sans que les raisonnements en soient altérés. Quant à la nature physique de cet *espace* indéfini, nous devons spontanément nous le représenter, pour plus de facilité, comme analogue au milieu effectif dans lequel nous vivons, tellement que si ce milieu était liquide, au lieu d'être gazeux, notre *espace* géométrique serait, sans doute, conçu aussi comme liquide. Cette circonstance n'est, d'ailleurs, évidemment que très secondaire, l'objet essentiel d'une telle conception étant seulement de nous faire envisager l'étendue séparément des corps qui nous la manifestent. On comprend aisément *à priori* l'importance de cette image fondamentale, puisqu'elle nous permet d'étudier les phénomènes géométriques en eux-mêmes, abstraction faite de tous les autres phénomènes qui les accom-

pagnent constamment dans les corps réels, sans cependant exercer sur eux aucune influence. L'établissement
régulier de cette abstraction générale doit être regardé
comme le premier pas qui ait été fait dans l'étude rationnelle de la géométrie, qui eût été impossible s'il avait
fallu continuer à considérer avec la forme et la grandeur
des corps l'ensemble de toutes les autres propriétés physiques. L'usage d'une semblable hypothèse, qui est peut-
être la plus ancienne conception philosophique créée par
l'esprit humain, nous est maintenant devenu si familier
que nous avons peine à mesurer exactement son importance, en appréciant les conséquences qui résulteraient
de sa suppression.

Les spéculations géométriques ayant pu ainsi devenir
abstraites, elles ont acquis non seulement plus de simplicité, mais encore plus de généralité. Tant que l'étendue est considérée dans les corps eux-mêmes, on ne
peut prendre pour sujet des recherches que les formes
effectivement réalisées dans la nature, ce qui restrein-
drait singulièrement le champ de la géométrie. Au contraire, en concevant l'étendue dans l'*espace,* l'esprit humain peut envisager toutes les formes quelconques
imaginables, ce qui est indispensable pour donner à la
géométrie un caractère entièrement rationnel.

La seconde conception géométrique préliminaire que
nous devons examiner est celle des différentes sortes
d'étendue, désignées par les mots de *volume* (1), *sur-*

(1) M. Lacroix a critiqué avec raison l'expression de *solide* communément employée par les géomètres pour désigner un *volume.* Il est
certain, en effet, que lorsque nous voulons considérer séparément une

face, ligne, et même *point,* et dont l'explication ordinaire est si peu satisfaisante.

Quoiqu'il soit évidemment impossible de concevoir
aucune étendue absolument privée de l'une quelconque
des trois dimensions fondamentales, il n'est pas moins
incontestable que, dans une foule d'occasions, même
d'une utilité immédiate, les questions géométriques ne
dépendent que de deux dimensions, considérées séparément de la troisième, ou d'une seule dimension, considérée séparément des deux autres. D'un autre côté, indépendamment de ce motif direct, l'étude de l'étendue à
une seule dimension et ensuite à deux se présente clairement comme un préliminaire indispensable pour faciliter l'étude des corps complets ou à trois dimensions,
dont la théorie immédiate serait trop compliquée. Tels
sont les deux motifs généraux qui obligent les géomètres
à considérer isolément l'étendue sous le rapport d'une
ou de deux dimensions, aussi bien que relativement à
toutes les trois ensemble.

C'est afin de pouvoir penser, d'une manière permanente, à l'étendue dans deux sens ou dans un seul, que
l'esprit humain se forme les notions générales de *surface*, et de *ligne*. Les expressions hyperboliques habituellement employées par les géomètres pour les défi-

---

certaine portion de l'*espace* indéfini, conçu comme gazeux, nous en soli-
difions par la pensée l'enceinte extérieure, en sorte qu'une *ligne* et une
surface sont habituellement, pour notre esprit, tout aussi *solides* qu'un
volume. On peut même remarquer que, le plus souvent, afin que les
corps se pénètrent mutuellement avec plus de facilité, nous sommes
obligés de nous représenter comme creux l'intérieur des *volumes*, ce
qui rend encore plus sensible l'impropriété du mot *solide*.

nir tendent à en faire concevoir une fausse idée. Mais, examinées en elles-mêmes, elles n'ont d'autre destination que de nous permettre de raisonner avec facilité sur ces deux genres d'étendue, en faisant complètement abstraction de ce qui ne doit pas être pris en considération. Or, il suffit, pour cela, de concevoir la dimension que l'on veut éliminer comme devenue graduellement de plus en plus petite, les deux autres restant les mêmes, jusqu'à ce qu'elle soit parvenue à un tel degré de ténuité qu'elle ne puisse plus fixer l'attention. C'est ainsi qu'on acquiert naturellement l'idée réelle d'une *surface*, et, par une seconde opération analogue, l'idée d'une *ligne*, en renouvelant pour la largeur ce qu'on a d'abord fait pour l'épaisseur. Enfin, si l'on répète encore le même travail, on parvient à l'idée d'un *point*, ou d'une étendue considérée uniquement par rapport à son lieu, abstraction faite de toute grandeur, et destinée, par conséquent, à préciser les positions. Les surfaces ont d'ailleurs évidemment la propriété générale de circonscrire exactement les volumes; et, de même les lignes, à leur tour, circonscrivent les surfaces, et sont limitées par les points. Mais cette considération, à laquelle on a donné souvent trop d'importance, n'est que secondaire.

Les surfaces et les lignes sont donc réellement toujours conçues avec trois dimensions; il serait, en effet, impossible de se représenter une surface autrement que comme une plaque extrêmement mince, et une ligne autrement que comme un fil infiniment délié. Il est même évident que le degré de ténuité attribué par chaque individu aux dimensions dont il veut faire abstraction n'est pas constamment identique, car il doit dépendre du degré de finesse de ses observations géométriques habituelles. Ce défaut d'uniformité n'a d'ailleurs aucun inconvénient réel, puisqu'il suffit, pour que les idées de surface et de ligne remplissent la condition essenti~lle de leur destination, que chacun se représente les dimensions à négliger comme plus petites que toutes celles dont ses expérier.ces journalières lui donnent occasion d'apprécier la gr' ideur.

On doit sans doute regretter qu'il soit encore nécessaire aujourd'hui d'indi po,r expressément une explication aussi simple que la précédente, dans un ouvrage tel que celui-ci. Mais j'ai cru devoir signaler rapidement ces considérations à cause du nuage ontologique dont une fausse manière de voir enveloppe ordinairement ces notions premières. On voit par là combien sont dépourvues de toute espèce de sens les discussions fantastiques des métaphysiciens sur les fondements de la géométrie. On doit aussi remarquer que ces idées primordiales sont habituellement présentées par les géomètres d'une manière peu philosophique, puisqu'ils exposent, par exemple, les notions des différentes sortes d'étendue dans un ordre absolument inverse de leur enchaînement naturel, ce qui engendre souvent, pour l'enseignement élémentaire, les plus graves inconvénients.

Ces préliminaires étant posés, nous pouvons procéder directement à la définition générale de la géométrie, en concevant toujours cette science comme ayant pour but final la *mesure* de l'étendue.

Il est tellement nécessaire d'entrer à cet égard dans

une explication approfondie, fondée sur la distinction des trois espèces d'étendue, que la notion de *mesure* n'est pas exactement la même par rapport aux surfaces et aux volumes que relativement aux lignes, en sorte que, sans cet examen, on se formerait une fausse idée de la nature des questions géométriques.

Si l'on prend le mot *mesure* dans son acception mathématique directe et générale, qui signifie simplement l'évaluation des *rapports* qu'ont entre elles des grandeurs homogènes quelconques, on doit considérer, en géométrie, que la *mesure* des surfaces et des volumes, par opposition à celle des lignes, n'est jamais conçue, même dans les cas les plus simples et les plus favorables, comme s'effectuant immédiatement. On regarde comme directe la comparaison de deux lignes; celle de deux surfaces ou de deux volumes est, au contraire, constamment indirecte. En effet, on conçoit que deux lignes puissent être superposées; mais la superposition de deux surfaces, ou, à plus forte raison, celle de deux volumes, est évidemment impossible à établir dans le plus grand nombre des cas; et, lors même qu'elle devient rigoureusement praticable, une telle comparaison n'est jamais ni commode, ni susceptible d'exactitude. Il est donc bien nécessaire d'expliquer en quoi consiste proprement la mesure vraiment géométrique d'une surface ou d'un volume.

Il faut considérer, pour cela, que, quelle que puisse être la forme d'un corps, il existe toujours un certain nombre de lignes, plus ou moins faciles à assigner, dont la longueur suffit pour définir exactement la grandeur de sa surface ou de son volume. La géométrie, regardant ces lignes comme seules susceptibles d'être mesurées immédiatement, se propose de déduire, de leur simple détermination, le rapport de la surface ou du volume cherchés, à l'unité de surface ou à l'unité de volume. Ainsi l'objet général de la géométrie, relativement aux surfaces et aux volumes, est proprement de ramener toutes les comparaisons de surfaces ou de volumes à de simples comparaisons de lignes.

Outre la facilité immense que présente évidemment une telle transformation pour la mesure des volumes et des surfaces, il en résulte, en la considérant d'une manière plus étendue et plus scientifique, la possibilité générale de réduire à des questions de lignes toutes les questions relatives aux volumes et aux surfaces, envisagés quant à leur grandeur. Tel est souvent l'usage le plus important des expressions géométriques qui déterminent les surfaces et les volumes en fonction des lignes correspondantes.

Ce n'est pas que les comparaisons immédiates entre surfaces ou entre volumes ne soient jamais employées. Mais de telles mesures ne sont pas regardées comme géométriques, et on n'y voit qu'un supplément quelquefois nécessaire, quoique trop rarement applicable, à l'insuffisance ou à la difficulté des procédés vraiment rationnels. C'est ainsi que souvent on détermine le volume d'un corps et, dans certains cas, sa surface, d'après son poids. De même, en d'autres occasions, quand on peut substituer au volume proposé un volume liquide équivalent, on établit immédiatement la comparaison de

deux volumes en profitant de la propriété que présentent les masses liquides, de pouvoir prendre aisément
toutes les formes qu'on veut leur donner. Mais tous les
moyens de cette nature sont purement mécaniques, et la
géométrie rationnelle les rejette nécessairement.

Pour rendre plus sensible la différence de ces déterminations avec les véritables mesures géométriques, je
citerai un seul exemple très remarquable, la manière
dont Galilée évalua le rapport de l'aire de la cycloïde ordinaire à celle du cercle générateur. La géométrie de
son temps étant encore trop inférieure à la solution rationnelle d'un tel problème, Galilée imagina de chercher
ce rapport par une expérience directe. Ayant pesé le plus
exactement possible deux lames de même matière et
d'égale épaisseur, dont l'une avait la forme d'un cercle
et l'autre celle de la cycloïde engendrée, il trouva le
poids de celle-ci constamment triple de celui de la première, d'où il conclut que l'aire de la cycloïde est triple
de celle du cercle générateur, résultat conforme à la véritable solution obtenue plus tard par Pascal et Wallis.
Un tel succès, sur lequel, d'ailleurs, Galilée n'avait pas
pris le change, tient évidemment à l'extrême simplicité
réelle du rapport cherché ; et on conçoit l'insuffisance
nécessaire de semblables expédients, même lorsqu'ils
seraient effectivement praticables.

On voit clairement, d'après ce qui précède, en quoi
consistent proprement la partie de la géométrie relative
aux volumes et celle relative aux surfaces. Mais on ne
conçoit pas aussi nettement le caractère de la géométrie
des lignes, puisque nous avons semblé, pour simplifier

l'exposition, considérer la mesure des lignes comme se faisant immédiatement. Il faut donc, par rapport à elles, un complément d'explication.

A cet effet, il suffit de distinguer entre la ligne droite et les lignes courbes; la mesure de la première étant seule regardée comme directe, et celle des autres comme constamment indirecte. Bien que la superposition soit quelquefois rigoureusement praticable pour les lignes courbes, il est évident néanmoins que la géométrie vraiment rationnelle doit la rejeter nécessairement, comme ne comportant, lors même qu'elle est possible, aucune exactitude. La géométrie des lignes a donc pour objet général de ramener constamment la mesure des lignes courbes à celle des lignes droites; et, par suite, sous un point de vue plus étendu, de réduire à de simples questions de lignes droites toutes les questions relatives à la grandeur des courbes quelconques. Pour comprendre la possibilité d'une telle transformation, il faut remarquer que, dans toute courbe quelconque, il existe constamment certaines droites dont la longueur doit suffire pour déterminer celle de la courbe. Ainsi, dans un cercle, il est évident que de la longueur du rayon on doit pouvoir conclure celle de la circonférence; de même, la longueur d'une ellipse dépend de celle de ses deux axes; la longueur d'une cycloïde du diamètre du cercle générateur, etc.; et si, au lieu de considérer la totalité de chaque courbe, on demande plus généralement la longueur d'un arc quelconque, il suffira d'ajouter, aux divers paramètres rectilignes qui déterminent l'ensemble de la courbe, la corde de l'arc proposé, ou les coordonnées de ses extrémités. Découvrir la relation qui existe entre la longueur d'une ligne courbe et celle de semblables lignes droites, tel est le problème général qu'on a essentiellement en vue dans la partie de la géométrie relative à l'étude des lignes.

En combinant cette considération avec celles précédemment exposées sur les volumes et sur les surfaces, on peut se former une idée très nette de la science géométrique, conçue dans son ensemble, en lui assignant pour destination générale de réduire finalement les comparaisons de toutes les espèces d'étendue, volumes, surfaces, ou lignes, à de simples comparaisons de lignes droites, les seules regardées comme pouvant être effectuées immédiatement, et qui, en effet, ne sauraient évidemment être ramenées à d'autres plus faciles. En même temps qu'une telle conception manifeste clairement le véritable caractère de la géométrie, elle me semble propre à faire apercevoir, d'un coup d'œil unique, son utilité et sa perfection.

Afin de compléter rigoureusement cette explication fondamentale, il me reste à indiquer comment il peut y avoir, en géométrie, une section spéciale relative à la ligne droite, ce qui paraît d'abord incompatible avec le principe que la mesure de cette classe de lignes doit être toujours regardée comme immédiate.

Elle l'est, en effet, par rapport à celle des lignes courbes, et de tous les autres objets que la géométrie considère. Mais il est évident que l'estimation d'une ligne droite ne peut être envisagée comme directe qu'autant qu'on peut immédiatement porter sur elle l'unité

linéaire. Or, c'est ce qui présente le plus souvent des difficultés insurmontables, comme j'ai eu occasion de l'exposer spécialement pour un autre motif dans la troisième leçon. On doit alors faire dépendre la mesure de
la droite proposée d'autres mesures analogues, susceptibles d'être immédiatement effectuées. Il y a donc nécessairement une première étude géométrique distincte,
exclusivement consacrée à la ligne droite ; elle a pour
objet de déterminer les lignes droites, les unes par les
autres, d'après les relations propres aux figures quelconques résultant de leur assemblage. Cette partie préliminaire de la géométrie, qui semble pour ainsi dire
imperceptible quand on envisage l'ensemble de la science,
est néanmoins susceptible d'un très grand développement, lorsqu'on veut la traiter dans toute son étendue.
Elle est évidemment d'autant plus importante que, toutes
les mesures géométriques devant se ramener, autant que
possible, à celle des lignes droites, l'impossibilité de
déterminer ces dernières suffirait pour rendre incomplète la solution de chaque question quelconque.

Telles sont donc, suivant leur enchaînement naturel,
les diverses parties fondamentales de la géométrie rationnelle. On voit que, pour suivre dans son étude générale un ordre vraiment dogmatique, il faut considérer
d'abord la géométrie des lignes, en commençant par la
ligne droite, et passer ensuite à la géométrie des surfaces, pour traiter enfin celle des volumes. Il y a lieu de
s'étonner, sans doute, qu'une classification méthodique
qui dérive aussi simplement de la nature même de la
science n'ait pas été constamment suivie.

Après avoir déterminé avec précision l'objet général
et définitif des recherches géométriques, il faut maintenant considérer la science sous le rapport du champ
embrassé par chacune de ses trois sections fondamentales.

Ainsi envisagée, la géométrie est évidemment susceptible, par sa nature, d'une extension rigoureusement
indéfinie ; car la mesure des lignes, des surfaces ou des
volumes présente nécessairement autant de questions
distinctes que l'on peut concevoir de formes différentes,
assujetties à des définitions exactes, et le nombre en est
évidemment infini.

Les géomètres se sont bornés d'abord à considérer
les formes les plus simples que la nature leur fournissait immédiatement, ou qui se déduisaient de ces éléments primitifs par les combinaisons les moins compliquées. Mais ils ont senti, depuis Descartes, que, pour
constituer la science de la manière la plus philosophique, il fallait nécessairement la faire porter, en général, sur toutes les formes imaginables. Ils ont ainsi
acquis la certitude raisonnée que cette géométrie abstraite comprendrait inévitablement, comme cas particuliers, toutes les diverses formes réelles que le monde
extérieur pourrait présenter, de façon à n'être jamais
pris au dépourvu. Si, au contraire, on s'était toujours
réduit à la seule considération de ces formes naturelles,
sans y être préparé par une étude générale et par
l'examen spécial de certaines formes hypothétiques plus
simples, il est clair que les difficultés auraient été le
plus souvent insurmontables au moment de l'application

effective. C'est donc un principe fondamental, dans la géométrie vraiment rationnelle, que la nécessité de considérer, autant que possible, toutes les formes qu'on peut concevoir rigoureusement.

L'examen le moins approfondi suffit pour faire comprendre que ces formes présentent une variété tout-à-fait infinie. Relativement aux lignes courbes, en les regardant comme engendrées par le mouvement d'un point assujetti à une certaine loi, il est clair qu'on aura, en général, autant de courbes différentes que l'on supposera de lois différentes pour ce mouvement, qui peut évidemment s'opérer suivant une infinité de conditions distinctes, quoiqu'il puisse arriver accidentellement quelquefois que de nouvelles générations produisent des courbes déjà obtenues. Ainsi, pour me borner aux seules courbes planes, si un point se meut de manière à rester constamment à la même distance d'un point fixe, il engendrera un cercle; si c'est la somme ou la différence de ses distances à deux points fixes qui demeure constante, la courbe décrite sera une ellipse ou une hyperbole; si c'est leur produit, on aura une courbe toute différente ; si le point s'écarte toujours également d'un point fixe et d'une droite fixe, il décrira une parabole ; s'il tourne sur un cercle en même temps que ce cercle roule sur une ligne droite, on aura une cycloïde; s'il s'avance le long d'une droite, tandis que cette droite, fixée par une de ses extrémités, tourne d'une manière quelconque, il en résultera ce qu'on appelle, en général, des spirales qui, à elles seules, présentent évidemment autant de courbes parfaitement distinctes, qu'on peut

supposer de relations différentes entre ces deux mouvements de translation et de rotation, etc., etc. Chacune
de ces diverses courbes peut ensuite en fournir de nouvelles, par les différentes constructions générales que
les géomètres ont imaginées, et qui donnent naissance
aux développées, aux épicycloïdes, aux caustiques, etc.
Enfin il existe évidemment une variété encore plus
grande parmi les courbes à double courbure.

Relativement aux surfaces, les formes en sont nécessairement bien plus diverses encore, en les regardant
comme engendrées par le mouvement des lignes. En
effet, a forme peut alors varier, non seulement en considérant, comme dans les courbes, les différentes lois
en nombre infini auxquelles peut être assujetti le mouvement de la ligne génératrice, mais aussi en supposant
que cette ligne elle-même vienne à changer de nature,
ce qui n'a pas d'analogue dans les courbes, les points
qui les décrivent ne pouvant avoir aucune figure distincte. Deux classes de conditions très diverses peuvent
donc faire varier les formes des surfaces, tandis qu'il
n'en existe qu'une seule pour les lignes. Il est inutile de
citer spécialement une série d'exemples propres à vérifier
cette multiplicité doublement infinie qu'on remarque
parmi les surfaces. Il suffirait, pour s'en faire une idée,
de considérer l'extrème variété que présente le seul
groupe des surfaces dites *réglées*, c'est-à-dire engendrées par une ligne droite, et qui comprend toute la
famille des surfaces cylindriques, celle des surfaces coniques, la classe plus générale des surfaces developpa-
les quelconques, etc. Par rapport aux volumes, il n'y

a lieu à aucune considération spéciale; puisqu'ils ne se distinguent entr'eux que par les surfaces qui les terminent.

Afin de compléter cet aperçu géométrique, il faut ajouter que les surfaces elles-mêmes fournissent un nouveau moyen général de concevoir des courbes nouvelles, puisque toute courbe peut être envisagée comme produite par l'intersection de deux surfaces. C'est ainsi, en effet, qu'ont été obtenues les premières lignes qu'on puisse regarder comme vraiment inventées par les géomètres, puisque la nature donnait immédiatement la ligne droite et le cercle. On sait que l'ellipse, la parabole et l'hyperbole, les seules courbes complètement étudiées par les anciens, avaient été seulement conçues, dans l'origine, comme résultant de l'intersection d'un cône à base circulaire par un plan diversement situé. Il est évident que, par l'emploi combiné de ces différents moyens généraux pour la formation des lignes et des surfaces, on pourrait produire une suite rigoureusement infinie de formes distinctes, en partant seulement d'un très petit nombre de figures directement fournies par l'observation.

Du reste, tous les divers moyens immédiats pour l'invention des formes n'ont presque plus aucune importance, depuis que la géométrie rationnelle a pris, entre les mains de Descartes, son caractère définitif. En effet, comme nous le verrons spécialement dans la douzième leçon, l'invention des formes se réduit aujourd'hui à l'invention des équations, en sorte que rien n'est plus aisé que de concevoir de nouvelles lignes et de nouvelles surfaces, en changeant à volonté les fonctions introduites dans les équations. Ce simple procédé abstrait est, sous ce rapport, infiniment plus fécond que les ressources géométriques directes, développées par l'imagination la plus puissante, qui s'appliquerait uniquement à cet ordre de conceptions. Il explique d'ailleurs, de la manière la plus générale et la plus sensible, la variété nécessairement infinie des formes géométriques, qui correspond ainsi à la diversité des fonctions analytiques. Enfin, il montre non moins clairement que les différentes formes de surfaces doivent être encore plus multipliées que celles des lignes, puisque les lignes sont représentées analytiquement par des équations à deux variables, tandis que les surfaces donnent lieu à des équations à trois variables, qui présentent nécessairement une plus grande diversité.

Les considérations précédemment indiquées suffisent pour montrer nettement l'extension rigoureusement infinie que comporte, par sa nature, chacune des trois sections générales de la géométrie, relativement aux lignes, aux surfaces et aux volumes, en résultat de la variété infinie des corps à mesurer.

Pour achever de nous faire une idée exacte et suffisamment étendue de la nature des recherches géométriques, il est maintenant indispensable de revenir sur la définition générale donnée ci-dessus, afin de la présenter sous un nouveau point de vue, sans lequel l'ensemble de la science ne serait que foit imparfaitement conçu.

En assignant pour but à la géométrie la *mesure* de toutes les sortes de lignes, de surfaces et de volumes, c'est-à-dire, comme je l'ai expliqué, la réduction de

toutes les comparaisons géométriques à de simples comparaisons de lignes droites, nous avons évidemment
l'avantage d'indiquer une destination générale très précise et très facile à saisir. Mais, si, écartant toute définition, on examine la composition effective de la science
géométrique, on sera d'abord porté à regarder la définition précédente comme beaucoup trop étroite, car il
n'est pas douteux que la majeure partie des recherches
qui constituent notre géométrie actuelle ne paraissent
nullement avoir pour objet la *mesure* de l'étendue. C'est
probablement une telle considération qui maintient
encore, pour la géométrie, l'usage de ces définitions
vagues, qui ne comprennent tout que parce qu'elles ne
caractérisent rien. Je crois néanmoins, malgré cette ob-
jection fondamentale, pouvoir persister à indiquer la
mesure de l'étendue comme le but général et uniforme
de la science géométrique, en y comprenant cependant
tout ce qui entre dans sa composition réelle. En effet, si,
au lieu de se borner à considérer isolément les diverses
recherches géométriques, on s'attache à saisir les questions principales, par rapport auxquelles toutes les autres, quelque importantes qu'elles soient, ne doivent
être regardées que comme secondaires, on finira par
reconnaître que la *mesure* des lignes, des surfaces et des
volumes, est le but invariable, quelquefois *direct*, et le
plus souvent *indirect*, de tous les travaux géométriques.
Cette proposition générale étant fondamentale, puisque
elle peut seule donner à notre définition toute sa valeur,
il est indispensable d'entrer à ce sujet dans quelques dé-
veloppements.

En examinant avec attention les recherches géométriques qui ne paraissent point se rapporter à la *mesure* de l'étendue, on trouve qu'elles consistent essentiellement dans l'étude des diverses *propriétés* de chaque ligne ou de chaque surface, c'est-à-dire, en termes précis, dans la connaissance des différents modes de génération, ou du moins, de définition, propres à chaque forme que l'on considère. Or, on peut aisément établir, de la manière la plus générale, la relation nécessaire d'une telle étude avec la question de *mesure*, pour laquelle la connaissance la plus complète possible des propriétés de chaque forme est un préliminaire indispensable. C'est ce que concourent à prouver deux considérations également fondamentales, quoique de nature tout-à-fait distincte.

La première, purement scientifique, consiste à remarquer que, si l'on ne connaissait, pour chaque ligne, ou pour chaque surface, d'autre propriété caractéristique que celle d'après laquelle les géomètres l'ont primitivement conçue, il serait le plus souvent impossible de parvenir à la solution des questions relatives à sa *mesure*. En effet, il est facile de sentir que les différentes définitions dont chaque forme est susceptible ne sont pas toutes également propres à une telle destination, et qu'elles présentent même, sous ce rapport, les oppositions les plus complètes. Or, d'un autre côté, la définition primitive de chaque forme n'ayant pu évidemment être choisie d'après cette condition, il est clair qu'on ne doit pas s'attendre, en général, à la trouver la plus convenable; d'où résulte la nécessité d'en découvrir d'autres, c'est-à-dire d'étudier, su-

tant que possible, les *propriétés* de la forme proposée.
Qu'on suppose, par exemple, que le cercle soit défini,
la courbe qui, sous le même contour, renferme la plus
grande aire, ce qui est certainement une propriété tout-
à-fait caractéristique, on éprouverait évidemment des
difficultés insurmontables pour déduire d'un tel point
de départ la solution des questions fondamentales relatives à la rectification ou à la quadrature de cette
courbe. Il est clair, *à priori*, que la propriété d'avoir
tous ses points à égale distance d'un point fixe doit
nécessairement s'adapter bien mieux à des recherches
de cette nature, sans qu'elle soit précisément la plus
convenable. De même, Archimède eût-il jamais pu découvrir la quadrature de la parabole, s'il n'avait connu
de cette courbe d'autre propriété que d'être la section
d'un cône à base circulaire par un plan parallèle à sa
génératrice? Les travaux purement spéculatifs des géomètres précédents, pour transformer cette première définition, ont évidemment été des préliminaires indispensables à la solution directe d'une telle question. Il en est
de même, à plus forte raison, relativement aux surfaces.
Il suffirait, pour s'en faire une juste idée, de comparer,
par exemple, quant à la question de la cubature ou de la
quadrature, la définition ordinaire de la sphère avec
celle, non moins caractéristique sans doute, qui consis-
terait à regarder un corps sphérique comme celui qui,
sous la même aire, contient le plus grand volume.

Je n'ai pas besoin d'indiquer un plus grand nombre
d'exemples pour faire comprendre, en général, la néces
sité de connaître, autant que possible, toutes les pro-

priétés de chaque ligne ou de chaque surface, afin de faciliter la recherche des rectifications, des quadratures, et des cubatures, qui constitue l'objet final de la géométrie. On peut même dire que la principale difficulté des questions de ce genre consiste à employer, dans chaque cas, la propriété qui s'adapte le mieux à la nature du problème proposé. Ainsi, en continuant à indiquer, pour plus de précision, la mesure de l'étendue, comme la destination générale de la géométrie, cette première considération, qui touche directement au fond du sujet, démontre clairement la nécessité d'y comprendre l'étude, aussi approfondie que possible, des diverses générations ou définitions propres à une même forme.

Un second motif, d'une importance au moins égale, consiste en ce qu'une telle étude est indispensable pour organiser, d'une manière rationnelle, la relation de l'abstrait au concret en géométrie.

La science géométrique devant considérer, ainsi que je l'ai indiqué ci-dessus, toutes les formes imaginables qui comportent une définition exacte, il en résulte nécessairement, comme nous l'avons remarqué, que les questions relatives aux formes quelconques présentées par la nature, sont toujours implicitement comprises dans cette géométrie abstraite, supposée parvenue à sa perfection. Mais quand il faut passer effectivement à la géométrie concrète, on rencontre constamment une difficulté fondamentale, celle de savoir auxquels des différents types abstraits on doit rapporter, avec une approximation suffisante, les lignes ou les surfaces réelles qu'il s'agit d'étudier. Or, c'est pour établir une telle

relation qu'il est particulièrement indispensable de connaître le plus grand nombre possible de propriétés de
chaque forme considérée en géométrie.

En effet, si l'on se bornait toujours à la seule définition primitive d'une ligne ou d'une surface, en supposant même qu'on pût alors la *mesurer* (ce qui, d'après le
premier genre de considérations, serait le plus souvent
impossible), ces connaissances resteraient presque nécessairement stériles dans l'application, puisqu'on ne
saurait point ordinairement reconnaître cette forme dans
la nature, quand elle s'y présenterait. Il faudrait pour
cela que le caractère unique, d'après lequel les géomètres l'auraient conçue, fût précisément celui dont les
circonstances extérieures comporteraient la vérification,
coïncidence purement fortuite, sur laquelle évidemment
on ne doit pas compter, bien qu'elle puisse avoir lieu
quelquefois. Ce n'est donc qu'en multipliant autant que
possible les propriétés caractéristiques de chaque forme
abstraite que nous pouvons être assurés d'avance de la
reconnaître à l'état concret, et d'utiliser ainsi tous nos
travaux rationnels, en vérifiant, dans chaque cas, la définition qui est susceptible d'être constatée directement.
Cette définition est presque toujours unique dans des
circonstances données, et varie, au contraire, pour une
même forme, avec des circonstances différentes : double
motif de détermination.

La géométrie céleste nous fournit, à cet égard, l'exemple le plus mémorable, bien propre à mettre en évidence
la nécessité générale d'une telle étude. On sait, en effet,
que l'ellipse a été reconnue par Képler comme étant la

courbe que décrivent les planètes autour du soleil et les satellites autour de leurs planètes. Or, cette découverte fondamentale, qui a renouvelé l'astronomie, eût-elle jamais été possible, si l'on s'était toujours borné à concevoir l'ellipse comme la section oblique d'un cône circulaire par un plan? Aucune telle définition ne pouvait évidemment comporter une semblable vérification. La propriété la plus usuelle de l'ellipse, que la somme des distances de tous ses points à deux points fixes soit constante, est bien plus susceptible sans doute, par sa nature, de faire reconnaître la courbe dans ce cas; mais elle n'est point encore directement convenable. Le seul caractère qui puisse être alors vérifié immédiatement est celui qu'on tire de la relation qui existe dans l'ellipse entre la longueur des distances focales et leur direction, l'unique relation qui admette une interprétation astronomique, comme exprimant la loi qui lie la distance de la planète au soleil au temps écoulé depuis l'origine de sa révolution. Il a donc fallu que les travaux purement spéculatifs des géomètres grecs sur les propriétés des sections coniques eussent préalablement présenté leur génération sous une multitude de points de vue différents, pour que Képler ait pu passer ainsi de l'abstrait au concret, en choisissant parmi tous ces divers caractères celui qui pouvait le plus facilement être constaté pour les orbites planétaires.

Je puis citer encore un exemple du même ordre, relativement aux surfaces, en considérant l'importante question de la figure de la terre. Si on n'avait jamais connu d'autre propriété de la sphère que son caractère primitif d'avoir tous ses points également distants d'un point intérieur, comment aurait-on pu jamais découvrir que la surface de la terre était sphérique? Il a été nécessaire pour cela de déduire préalablement de cette définition de la sphère quelques propriétés susceptibles d'être vérifiées par des observations effectuées uniquement à la surface, comme, par exemple, le rapport constant qui existe pour la sphère entre la longueur du chemin parcouru le long d'un méridien quelconque en s'avançant vers un pôle, et la hauteur angulaire de ce pôle sur l'horizon en chaque point. Il en a été évidemment de même et avec une bien plus longue suite de spéculations préliminaires, pour constater plus tard que la terre n'était point rigoureusement sphérique, mais que sa forme est celle d'un ellipsoïde de révolution.

Après de tels exemples, il serait sans doute inutile d'en rapporter d'autres, que chacun peut d'ailleurs aisément multiplier. On y vérifiera toujours que, sans une connaissance très étendue des diverses propriétés de chaque forme, la relation de l'abstrait au concret en géométrie serait purement accidentelle, et que, par conséquent, la science manquerait de l'un de ses fondements les plus essentiels.

Tels sont donc les deux motifs généraux qui démontrent pleinement la nécessité d'introduire en géométrie une foule de recherches qui n'ont pas pour objet direct la *mesure* de l'étendue, en continuant cependant à concevoir une telle mesure comme la destination finale de toute la science géométrique. Ainsi, nous pouvons conserver les avantages philosophiques que présentent la

TABLEAU SYNOPTIQUE DU COURS DE PHILOSOPHIE POSITIVE DE M. AUGUSTE COMTE.

SCIENCE DES CORPS ORGANISES.

SCIENCE DES CORPS BRUTS.

Division	Leçons	Objet	Détails	Leçons
PRÉLIMINAIRES GÉNÉRAUX	2	Considérations philosophiques sur l'ensemble de la hiérarchie des sciences positives.	1° Exposition du but de ce cours, ou considérations générales sur la nature et l'importance de la philosophie positive. 2° Exposition du plan, ou considérations générales sur la hiérarchie des sciences positives.	
MATHÉMATIQUES	16	Considérations philosophiques sur l'ensemble de la science mathématique.		1
		Considérations générales sur le calcul.	1° Vue générale de l'analyse mathématique. 2° Du calcul des fonctions directes. 3° Du calcul des fonctions indirectes. 4° Du calcul des variations. 5° Du calcul aux différences finies.	6
		Considérations générales sur la géométrie.	1° Vue générale de la géométrie. 2° De la géométrie des anciens. 3° Conception fondamentale de la géométrie analytique. 4° De l'étude générale des lignes. 5° De l'étude générale des surfaces.	6
		Considérations philosophiques sur l'ensemble de la mécanique rationnelle.	1° Des principes fondamentaux de la mécanique. 2° Vue générale de la statique. 3° Vue générale de la dynamique. 4° Théorèmes généraux de mécanique.	5
ASTRONOMIE	9	Considérations philosophiques sur l'ensemble de la science astronomique.		1
		Considérations générales sur l'astronomie géométrique.	1° Exposition générale des méthodes d'observation. 2° Étude des phénomènes géométriques élémentaires des corps célestes. 3° De la théorie du mouvement de la terre. 4° Des lois de Kepler.	4
		Considérations générales sur l'astronomie mécanique.	1° De la loi de la gravitation universelle. 2° Appréciation philosophique de cette loi. 3° Explication des phénomènes célestes par cette loi.	3
PHYSIQUE	9	Considérations philosophiques sur l'ensemble de la physique.		1
		Considérations sur la { la barologie. la thermologie. l'acoustique. l'optique. l'électrologie.		2 2 1 2 1
CHIMIE	6	Considérations philosophiques sur l'ensemble de la chimie.	1° Tableau général de la chimie inorganique. 2° De la doctrine des proportions définies. 3° De la théorie électro-chimique.	3
		Considérations générales sur { la chimie inorganique. la chimie organique.		2 1
PHYSIOLOGIE	12	Considérations philosophiques sur l'ensemble de la science physiologique.	1° Examen des anciennes théories. 2° Exposition des théories positives.	3
		Considérations générales sur { la structure et la composition des corps vivants. la classification des corps vivants. la physiologie végétale; la physiologie animale; la physiologie intellectuelle et affective.		2 2 2 2 3
PHYSIQUE SOCIALE OU SOCIOLOGIE	15	Introduction. { Méthode.	1° Considérations générales sur la nécessité et l'opportunité de la physique sociale. 2° Examen des principales tentatives entreprises jusqu'ici pour la fonder. 1° Des caractères de la méthode positive, appliquée à l'étude des phénomènes sociaux. 2° Des relations de la physique sociale avec les autres branches de la philosophie naturelle.	3
		Science.	Considérations sur la structure générale des sociétés humaines.	10
			Loi naturelle fondamentale du développement de l'espèce humaine, considéré dans son ensemble. { Époque théologique. { Fétichisme. Polythéisme. Monothéisme. Époque métaphysique. Époque positive.	
			Étude historique de la marche de la civilisation.	
RÉSUMÉ GÉNÉRAL ET CONCLUSION.	3		1° Résumé de la méthode positive. 2° Résumé de la doctrine positive. 3° Avenir de la philosophie positive.	

netteté et la précision de cette définition, et y comprendre néanmoins, d'une manière très rationnelle, quoiqu'indirecte, toutes les recherches géométriques connues, en considérant celles qui ne paraissent point se rapporter à la *mesure* de l'étendue, comme destinées soit à préparer la solution des questions finales, soit à permettre l'application des solutions obtenues.

Après avoir reconnu, en thèse générale, les relations intimes et nécessaires de l'étude des propriétés des lignes et des surfaces avec les recherches qui constituent l'objet définitif de la géométrie, il est d'ailleurs évident que, dans la suite de leurs travaux, les géomètres ne doivent nullement s'astreindre à ne jamais perdre de vue un tel enchaînement. Sachant, une fois pour toutes, combien il importe de varier le plus possible les manières de concevoir chaque forme, ils doivent poursuivre cette étude sans considérer immédiatement de quelle utilité peut être telle ou telle propriété spéciale pour les rectifications, les quadratures ou les cubatures. Ils entraveraient inutilement leurs recherches, en attachant une importance puérile à l'établissement continu de cette coordination. L'esprit humain doit procéder, à cet égard, comme il le fait en toute occasion semblable, quand, après avoir conçu, en général, la destination d'une certaine étude, il s'attache exclusivement à la pousser le plus loin possible, en faisant complètement abstraction de cette relation, dont la considération perpétuelle compliquerait tous ses travaux.

L'explication générale que je viens d'exposer est d'autant plus indispensable que, par la nature même du

sujet, cette étude des diverses propriétés de chaque ligne
et de chaque surface compose nécessairement la très
majeure partie de l'ensemble des recherches géométriques. En effet, les questions immédiatement relatives
aux rectifications, aux quadratures et aux cubatures, sont
évidemment, par elles-mêmes, en nombre fort limité
pour chaque forme considérée. Au contraire, l'étude des
propriétés d'une même forme présente à l'activité de
l'esprit humain un champ naturellement indéfini, où
l'on peut toujours espérer de faire de nouvelles découvertes. Ainsi, par exemple, quoique les géomètres se
soient occupés depuis vingt siècles, avec plus ou moins
d'activité sans doute, mais sans aucune interruption
réelle, de l'étude des sections coniques, ils sont loin de
regarder ce sujet si simple comme épuisé ; et il est certain en effet qu'en continuant à s'y livrer on ne manquerait pas de trouver encore des propriétés inconnues
de ces diverses courbes. Si les travaux de ce genre se
sont considérablement ralentis depuis environ un siècle,
ce n'est pas qu'ils soient terminés ; cela tient seulement,
comme je l'expliquerai tout à l'heure, à ce que la révolution philosophique opérée en géométrie par Descartes
a dû singulièrement diminuer l'importance de semblables
recherches.

Il résulte des considérations précédentes que non seulement le champ de la géométrie est nécessairement
infini à cause de la variété des formes à considérer, mais
aussi en vertu de la diversité des points de vue sous
lesquels une même forme peut être envisagée. Cette
dernière conception est même celle qui donne l'idée la

plus large et la plus complète de l'ensemble des recherches géométriques. On voit que les études de ce genre
consistent essentiellement, pour chaque ligne ou pour
chaque surface, à rattacher tous les phénomènes géométriques qu'elle peut présenter à un seul phénomène
fondamental, regardé comme définition primitive.

Après avoir exposé, d'une manière générale et pourtant précise, l'objet final de la géométrie, et montré
comment la science, ainsi définie, comprend une classe de
recherches très étendue qui ne paraissaient point d'abord
s'y rapporter nécessairement, il me reste à considérer,
dans son ensemble, la méthode à suivre pour la formation de cette science. Cette dernière explication est indispensable pour compléter ce premier aperçu du caractère
philosophique de la géométrie. Je me bornerai en ce
moment à indiquer à cet égard la considération la plus
générale, cette importante notion fondamentale devant
être développée et précisée dans les leçons suivantes.

L'ensemble des questions géométriques peut être traité
suivant deux méthodes tellement différentes qu'il en
résulte, pour ainsi dire, deux sortes de géométries, dont
le caractère philosophique ne me semble pas avoir été
encore convenablement saisi. Les expressions de géométrie *synthétique* et géométrie *analytique*, habituellement employées pour les désigner, en donnent une très
fausse idée. Je préférerais de beaucoup les dénominations purement historiques de *géométrie des anciens* et
géométrie des modernes, qui ont, du moins, l'avantage
de ne pas faire méconnaître leur vrai caractère. Mais je
propose d'employer désormais les expressions régulières

de *géométrie spéciale* et *géométrie générale*, qui me paraissent propres à caractériser avec précision la véritable nature des deux méthodes.

Ce n'est point, en effet, dans l'emploi du calcul, comme on le pense communément, que consiste précisément la différence fondamentale entre la manière dont nous concevons la géométrie depuis Descartes, et la manière dont les géomètres de l'antiquité traitaient les questions géométriques. Il est certain, d'une part, que l'usage du calcul ne leur était point entièrement inconnu, puisqu'ils faisaient, dans leur géométrie, des applications continuelles et fort étendues de la théorie des proportions, qui était pour eux, comme moyen de déduction, une sorte d'équivalent réel, quoique très imparfait et surtout extrêmement borné, de notre algèbre actuelle. On peut même employer le calcul d'une manière beaucoup plus complète qu'ils ne l'ont fait pour obtenir certaines solutions géométriques, qui n'en auront pas moins le caractère essentiel de la géométrie ancienne; c'est ce qui arrive très fréquemment, par rapport à ces problèmes de géométrie à deux ou à trois dimensions, qu'on désigne vulgairement sous le nom de *déterminés*. D'un autre côté, quelque capitale que soit l'influence du calcul dans notre géométrie moderne, plusieurs solutions, obtenues sans algèbre, peuvent manifester quelquefois le caractère propre qui la distingue de la géométrie ancienne, quoique, en thèse générale, l'analyse soit indispensable; j'en citerai, comme exemple, la méthode de Roberval pour les tangentes, dont la nature est essentiellement moderne, et qui cependant conduit, en certains cas, à des solutions complètes, sans aucun secours du calcul. Ce n'est donc point par l'instrument de déduction employé qu'on doit principalement distinguer les deux marches que l'esprit humain peut suivre en géométrie.

La différence fondamentale, jusqu'ici imparfaitement saisie, me paraît consister réellement dans la nature même des questions considérées. En effet, la géométrie, envisagée dans son ensemble, et supposée parvenue à son entière perfection, doit, comme nous l'avons vu, d'une part, embrasser toutes les formes imaginables, et, d'une autre part, découvrir toutes les propriétés de chaque forme. Elle est susceptible, d'après cette double considération, d'être traitée suivant deux plans essentiellement distinctifs : soit en groupant ensemble toutes les questions, quelque diverses qu'elles soient, qui concernent une même forme, et isolant celles relatives à des corps différents, quelque analogie qui puisse exister entre elles ; soit, au contraire, en réunissant sous un même point de vue toutes les recherches semblables, à quelques formes diverses qu'elles se rapportent d'ailleurs, et séparant les questions relatives aux propriétés réellement différentes d'un même corps. En un mot, l'ensemble de la géométrie peut être essentiellement ordonné ou par rapport aux corps étudiés, ou par rapport aux phénomènes à considérer. Le premier plan, qui est le plus naturel, a été celui des anciens ; le second, infiniment plus rationnel, est celui des modernes depuis Descartes.

Tel est, en effet, le caractère principal de la géométrie ancienne, qu'on étudiait, une à une, les diverses lignes et les diverses surfaces, ne passant à l'examen d'une nou-

velle forme que lorsqu'on croyait avoir épuisé tout ce
que pouvaient offrir d'intéressant les formes connues
jusqu'alors. Dans cette manière de procéder, quand on
entreprenait l'étude d'une courbe nouvelle, l'ensemble
des travaux exécutés sur les précédentes ne pouvait
présenter directement aucune ressource essentielle,
autrement que par l'exercice géométrique auquel il
avait dressé l'intelligence. Quelle que pût être la similitude réelle des questions proposées sur deux formes
différentes, les connaissances complètes acquises pour
l'une ne pouvaient nullement dispenser de reprendre
pour l'autre l'ensemble de la recherche. Aussi la marche de l'esprit n'était-elle jamais assurée; en sorte
qu'on ne pouvait être certain d'avance d'obtenir une solution quelconque, quelqu'analogue que fût le problème
proposé à des questions déjà résolues. Ainsi, par exemple, la détermination des tangentes aux trois sections
coniques ne fournissait aucun secours rationnel pour
mener la tangente à quelqu'autre courbe nouvelle, comme
le conchoïde, la cissoïde, etc. En un mot, la géométrie
des anciens était, suivant l'expression proposée ci-dessus,
essentiellement *spéciale*.

Dans le système des modernes, la géométrie est, au
contraire, éminemment *générale*, c'est-à-dire, relative
à des formes quelconques. Il est aisé de comprendre
d'abord que toutes les questions géométriques de quelqu'intérêt peuvent être proposées par rapport à toutes
les formes imaginables. C'est ce qu'on voit directement
pour les problèmes fondamentaux, qui constituent,
d'après les explications données dans cette leçon, l'objet

définitif de la géométrie, c'est-à-dire, les rectifications, les quadratures, et les cubatures. Mais cette remarque n'est pas moins incontestable, même pour les recherches relatives aux diverses *propriétés* des lignes et des surfaces, et dont les plus essentielles, telles que la question des tangentes, ou des plans tangents, la théorie des courbures, etc., sont évidemment communes à toutes les formes quelconques. Les recherches très peu nombreuses qui sont vraiment particulières à telle ou telle forme n'ont qu'une importance extrêmement secondaire. Cela posé, la géométrie moderne consiste essentiellement à abstraire, pour la traiter à part, d'une manière entièrement générale, toute question relative à un même phénomène géométrique, dans quelques corps qu'il puisse être considéré. L'application des théories universelles ainsi construites à la détermination spéciale du phénomène dont il s'agit dans chaque corps particulier n'est plus regardée que comme un travail subalterne, à exécuter suivant des règles invariables et dont le succès est certain d'avance. Ce travail est, en un mot, du même ordre que l'évaluation numérique d'une formule analytique déterminée. Il ne peut y avoir sous ce rapport d'autre mérite que celui de présenter, dans chaque cas, la solution nécessairement fournie par la méthode générale, avec toute la simplicité et l'élégance que peut comporter la ligne ou la surface considérée. Mais on n'attache d'importance réelle qu'à la conception et à la solution complète d'une nouvelle question propre à une forme quelconque. Les travaux de ce genre sont seuls regardés comme faisant faire à la science de véritables pas. L'attention des géo-

mètres, ainsi dispensée de l'examen des particularités
des diverses formes, et dirigée tout entière vers les
questions générales, a pu s'élever par là à la considération de nouvelles notions géométriques, qui, appliquées
aux courbes étudiées par les anciens, en ont fait découvrir des propriétés importantes qu'ils n'avaient pas
même soupçonnées. Telle est la géométrie, depuis la révolution radicale opérée par Descartes dans le système
général de la science.

La simple indication du caractère fondamental propre
à chacune des deux géométries suffit sans doute pour
mettre en évidence l'immense supériorité nécessaire
de la géométrie moderne. On peut même dire qu'avant
la grande conception de Descartes, la géométrie rationnelle n'était pas vraiment constituée sur des bases défi-
nitives, soit sous le rapport abstrait, soit sous le rapport
concret. En effet, pour la science considérée spéculati-
vement, il est clair qu'en continuant indéfiniment, comme
l'ont fait les modernes avant Descartes et même un peu
après, à suivre la marche des anciens, en ajoutant quelques nouvelles courbes au petit nombre de celles qu'ils
avaient étudiées, les progrès, quelque rapides qu'ils
eussent pu être, n'auraient été, après une longue suite
de siècles, que fort peu considérables par rapport au
système général de la géométrie, vu l'infinie variété des
formes qui seraient toujours restées à étudier. Au contraire, à chaque question résolue suivant la marche des
modernes, le nombre des problèmes géométriques à résoudre se trouve, une fois pour toutes, diminué d'autant,
par rapport à tous les corps possibles. Sous un second

point de vue, du défaut complet de méthodes générales
il résultait que les géomètres anciens, dans toutes leurs
recherches, étaient entièrement abandonnés à leurs propres forces, sans avoir jamais la certitude d'obtenir tôt
ou tard une solution quelconque. Si cette imperfection
de la science était éminemment propre à mettre dans
tout son jour leur admirable sagacité, elle devait rendre
leurs progrès extrêmement lents : on peut s'en faire une
idée par le temps considérable qu'ils ont employé à l'étude
des sections coniques. La géométrie moderne, assurant
d'une manière invariable la marche de notre esprit, permet, au contraire, d'utiliser au plus haut degré possible
les forces de l'intelligence, que les anciens devaient con-
sumer fréquemment sur des questions bien peu importantes.

Une différence non moins capitale se manifeste entre
les deux systèmes, quand on vient à considérer la géométrie sous le rapport concret. En effet, nous avons remarqué plus haut que la relation de l'abstrait au concret
en géométrie ne peut être solidement fondée sur des
bases rationnelles qu'autant qu'on fait directement
porter les recherches sur toutes les formes imaginables.
En n'étudiant les lignes et les surfaces qu'une à une,
quel que soit le nombre, toujours nécessairement fort
petit, de celles qu'on aura considérées, l'application de
théories semblables aux formes réellement existantes
dans la nature n'aura jamais qu'un caractère essentiellement accidentel, puisque rien n'assure que ces formes
pourront effectivement rentrer dans les types abstraits
envisagés par les géomètres.

Il y a certainement, par exemple, quelque chose de
fortuit dans l'heureuse relation qui s'est établie entre les
spéculations des géomètres grecs sur les sections coniques et la détermination des véritables orbites planétaires.
En continuant sur le même plan les travaux géométriques, on n'avait point, en général, le droit d'espérer de
semblables coïncidences; et il eût été possible, dans ces
études spéciales, que les recherches des géomètres se
fussent dirigées sur des formes abstraites indéfiniment
inapplicables, tandis qu'ils en auraient négligé d'autres,
susceptibles peut-être d'une application importante et
prochaine. Il est clair, du moins, que rien ne garantis-
sait positivement l'applicabilité nécessaire des spéculations géométriques. Il en est tout autrement dans la
géométrie moderne. Par cela seul qu'on y procède par
questions générales, relatives à des formes quelconques,
on a d'avance la certitude évidente que les formes
réalisées dans le monde extérieur ne sauraient jamais
échapper à chaque théorie, si le phénomène géométrique qu'elle envisage vient à s'y présenter.

Par ces diverses considérations. on voit que le système de géométrie des anciens porte essentiellement le
caractère de l'enfance de la science, qui n'a commencé
à devenir complètement rationnelle que par suite de la
révolution philosophique opérée par Descartes. Mais il
est évident, d'un autre côté, que la géométrie n'a pu
être conçue d'abord que de cette manière *spéciale*. La
géométrie *générale* n'eût point été possible, et la
nécessité n'eût pu même en être sentie, si une longue
suite de travaux spéciaux sur les formes les plus simples

n'avait point préablement fourni des bases à la conception de Descartes, et rendu sensible l'impossibilité de
persister indéfiniment dans la philosophie géométrique
primitive.

En précisant autant que possible cette dernière considération, il faut même en conclure que, quoique la
géométrie que j'ai appelée *générale* doive être aujour-
d'hui regardée comme la seule véritable géométrie dogmatique, celle à laquelle nous nous bornerons essentiellement, l'autre n'ayant plus, principalement, qu'un
intérêt historique, néanmoins, il n'est pas possible de
faire disparaître entièrement la géométrie *spéciale* dans
une exposition rationnelle de la science. On peut sans
doute se dispenser, comme on l'a fait depuis environ un
siècle, d'emprunter directement à la géométrie ancienne
tous les résultats qu'elle a fournis. Les recherches les
plus étendues et les plus difficiles dont elle était composée, ne sont plus même habituellement présentées
aujourd'hui que d'après la méthode moderne. Mais, par
la nature même du sujet, il est nécessairement impossible de se passer absolument de la méthode ancienne,
qui, quoi qu'on fasse, servira toujours dogmatiquement
de base préliminaire à la science, comme elle l'a fait
historiquement. Le motif en est facile à comprendre. En
effet, la géométrie *générale* étant essentiellement fondée,
comme nous l'établirons bientôt, sur l'emploi du calcul,
sur la transformation des considérations géométriques
en considérations analytiques, une telle manière de procéder ne saurait s'emparer du sujet immédiatement à
son origine. Nous savons que l'application de l'analyse

mathématique, par sa nature, ne peut jamais commencer aucune science quelconque, puisqu'elle ne saurait avoir lieu que lorsque la science a déjà été assez cultivée pour établir, relativement aux phénomènes considérés, quelques *équations* qui puissent servir de point de départ aux travaux analytiques. Ces équations fondamentales une fois découvertes, l'analyse permettra d'en déduire une multitude de conséquences, qu'il eût été même impossible de soupçonner d'abord; elle perfectionnera la science à un degré immense, soit sous le rapport de la généralité des conceptions, soit quant à la coordination complète établie entre elles. Mais, pour constituer les bases mêmes d'une science naturelle quelconque, jamais, évidemment, la simple analyse mathématique ne saurait y suffire, pas même pour les démontrer de nouveau lorsqu'elles ont été déjà fondées. Rien ne peut dispenser, à cet égard, de l'étude directe du sujet, poussée jusqu'au point de la découverte de relations précises. Tenter de faire rentrer la science, dès son origine, dans le domaine du calcul, ce serait vouloir imposer à des théories portant sur des phénomènes effectifs le caractère de simples procédés logiques, et les priver ainsi de tout ce qui constitue leur corrélation nécessaire avec le monde réel. En un mot, une telle opération philosophique, si par elle-même elle n'était pas nécessairement contradictoire, ne saurait aboutir évidemment qu'à replonger la science dans le domaine de la métaphysique, dont l'esprit humain a eu tant de peine à se dégager complètement.

Ainsi, la géométrie des anciens aura toujours, par sa

nature, une première part nécessaire et plus ou moins
étendue dans le système total des connaissances géométriques. Elle constitue une introduction rigoureusement
indispensable à la géométrie *générale*. Mais c'est à cela
que nous devons la réduire dans une exposition complètement dogmatique. Je considérerai donc directement, dans la leçon suivante, cette géométrie *spéciale*
ou *préliminaire,* restreinte exactement à ses limites nécessaires, pour ne plus m'occuper ensuite que de
l'examen philosophique de la géométrie *générale* ou
définitive, la seule vraiment rationnelle, et qui aujour-
d'hui compose essentiellement la science.

SOMMAIRE

---

positive et décadence des deux autres : vitesse du double mouvement suivant les branches de la connaissance (17 et seq.).

2º **But général et spécial du Cours.** — Ce qui reste à faire pour achever la constitution de la philosophie positive. Faire entrer les phénomènes sociaux dans le domaine de la philosophie positive. Toutes nos conceptions étant devenues homogènes, la philosophie sera universelle (20). — *But spécial* du Cours : fondation de la physique sociale (20). — *But général* : coordination des sciences naturelles positives présentées comme branches d'un tronc unique (21) ; elle est possible et nécessaire (21) ; — elle exige une série préalable d'études sur les diverses sciences et leurs méthodes positives. — Division du travail nécessaire dans l'étude des sciences positives à notre époque ; ses inconvénients (23). — Remèdes contre la spécialisation des recherches individuelles (24), par la création d'une grande spécialité, celle de l'étude des généralités scientifiques (24).

3º **Importance de la philosophie positive.** — Principaux avantages généraux relativement au progrès humain (26). Quatre propriétés fondamentales : — 1º Elle fournit le seul vrai moyen rationnel de mettre en évidence les lois logiques de l'esprit humain (26-33) ; les fonctions intellectuelles étant envisagées au point de vue *statique* et *dynamique*, les théories scientifiques sont autant de faits logiques par l'observation approfondie desquels on peut s'élever à la connaissance des *lois logiques* (27) ; — Inanité de la prétendue *méthode d'observation intérieure* (psychologie) pour la découverte des lois intellectuelles : relativement à la *science logique* (30); à l'*art logique* (31); — 2º la philosophie positive seule est capable de présider à la refonte du système d'éducation actuelle (33 et seq.) : nécessité de remplacer l'éducation théologique, métaphysique, littéraire par une éducation conforme à l'esprit général de notre époque ; — 3º elle contribuera au progrès particulier des différentes sciences par l'étude des généralités scientifiques : comment (35-39); — 4º elle sera la base de la réorganisation sociale : sa prépondérance mettra fin à l'anarchie intellectuelle et morale résultant de l'emploi simultané des trois philosophies incompatibles (39-43). — Le Cours n'est pas une tentative d'explication universelle de tous les phénomènes par une loi unique (43-45) : impossibilité subjective et objective d'une telle explication (45). — La philosophie positive est suffisamment fondée par l'unité des méthodes et l'homogénéité des doctrines : ce qui est suffisant pour la réalisation des grandes conséquences sus indiquées (45).

DEUXIÈME LEÇON

EXPOSITION DU PLAN DE CE COURS OU CONSIDÉRATIONS GÉNÉRALES SUR LA HIÉRARCHIE DES SCIENCES

1o **Théorie rationnelle des classifications** (47). — Vices des classifications d'après la distinction entre les facultés intellectuelles (Bacon, d'Alembert) (47). — Cause : défaut d'homogénéité entre les différentes parties du système intellectuel (48-49). — Principe fondamental de l'art de classer (49-50). — Première distinction capitale entre l'abstrait et le concret, la théorie et la pratique; domaines respectifs de la science et de l'art (50) : « science d'où prévoyance, d'où action ». — La science sert de base à l'action ; mais elle répond au besoin de connaître. Les ingénieurs, classe intermédiaire entre les savants et les producteurs (55). — Deux genres de sciences : *abstraites, concrètes ;* les premières générales, fondamentales, les secondes particulières, descriptives (57). — Les sciences abstraites seules seront traitées (58). — Philosophie première (Bacon), signification actuelle et précise de ce mot (61).

2o **But principal de tout travail encyclopédique** — Disposition des sciences dans l'ordre de leur enchaînement naturel en suivant leur dépendance mutuelle (62-63). — Exposition historique et dogmatique des sciences (63) : tendance de substituer l'ordre dogmatique à l'ordre historique (64). — Nécessité et inconvénients de l'emploi exclusif de la méthode dogmatique (65) : étude complémentaire de l'histoire des sciences indispensable (67). — Règle fondamentale pour la construction d'une échelle encyclopédique des sciences (68) : prendre pour principe l'enchaînement logique et non l'enchaînement historique (68) ; l'ordre historique se trouve être généralement, mais non absolument conforme à l'ordre logique (69). — Considérations mathématiques servant à déterminer avec précision la difficulté de la question (70). — Le principe général de classification des sciences consiste dans la comparaison des divers ordres de phénomènes dont elles ont pour but de découvrir les lois (71). Il faut déterminer la dépendance réelle des études scientifiques (71), d'après leur degré de simplicité et de généralité. — Six sciences générales (71-80).

3o **Propriétés essentielles de la classification positive** (80 seq.). — 1o Elle est conforme à la coordination spontanée (81); 2o à l'ordre de développement de la philosophie naturelle ; 3o elle marque exactement la perfection relative des différentes sciences, consistant dans le degré de précision des connaissances et dans leur coordination plus ou moins intime (83) — (distinction entre *certitude* et *précision*) ; — 4° elle détermine le plan d'une éducation scientifique rationnelle (85). — Nécessité logique d'étudier les sciences suivant l'ordre encyclopédique (98 seq.). — *Rang de la mathématique dans la classification positive* (92) : la science mathématique, partie constituante de la philosophie naturelle, en est actuellement *la base* (92) ; elle est l'instrument le plus puissant dans la recherche des phénomènes (92). — Sa division en *abstraite* (calcul) et *concrète* (géométrie, mécanique) (93). — Les phénomènes y sont les plus généraux, les plus simples, les plus abstraits, les plus irréductibles et les plus indépendants (94). — La science mathématique constitue le point de départ de toute éducation scientifique rationnelle (94).

TROISIÈME LEÇON . ..

CONSIDÉRATIONS PHILOSOPHIQUES SUR L'ENSEMBLE DE LA SCIENCE MATHÉMATIQUE

1° But essentiel. — Science la plus ancienne ; la plus parfaite (98) : *la* mathématique (Condorcet, Comte), est une science coordonnée (97). — Sa définition ordinaire, vague et insuffisante (97). — Difficulté de mesurer directement les grandeurs (99). — Définition exacte de la mathématique : déterminer les grandeurs les unes par les autres d'après les relations précises qui existent entre elles » (106). — Cette définition s'applique à toute science (106). — La mathématique *science par excellence :* son étude donne une idée juste et approfondie de la *science* (108). — Elle est la base nécessaire de toute éducation scientifique (108).

2° Nature. Sa division fondamentale. — Deux opérations nécessaires « pour déterminer les grandeurs inconnues au moyen des grandeurs connues » : 1° trouver les relations entre les quantités considérées (partie concrète) ; — 2° utiliser ces relations pour l'évaluation des inconnues (partie abstraite ou calcul) (109-112). — D'où division fondamentale de la mathématique en : 1° Concrète ; — 2° Abstraite. — Circonscription de chacune de ces sections (111 à 118). — Nature et but de la mathématique concrète, comprenant la géométrie et la mécanique ; — de la mathématique abstraite ou calcul (119). — L'analyse mathématique est la base rationnelle du système entier des connaissances positives (120-121).

3º Étendue réelle du domaine de la mathématique. Sa méthode. — Universalité de cette science au point de vue logique (121) ; toutes les idées de qualité étant réductibles à des questions de quantité (123), toute question est réductible à une question de nombres (124). — Difficulté d'une telle transformation augmentant avec la complication des phénomènes (124-129) ; l'analyse mathématique inapplicable à l'étude de la physique organique, surtout sociale, dans le but d'amener ces sciences à la précision et à la coordination (129 et seq.). — La mathématique a créé la méthode de la philosophie positive (133). — Extension exagérée de la méthode et de l'esprit mathématiques aux autres sciences (133-134). — Rectification ultérieure de ces abus nécessaires (134).

DIXIÈME LEÇON

VUE GÉNÉRALE DE LA GÉOMÉTRIE

1º Objet général et définitif des recherches géométriques. — *Considérations générales.* — Partie la plus simple et la plus générale de la mathématique concrète ; motifs de sa supériorité scientifique ; science naturelle basée sur l'observation, et non purement rationnelle (135-137). — Définition ordinaire de la géométrie vicieuse et insuffisante (137). — Nécessité et importance de deux conceptions positives préalables : 1º de l'*Espace* (138-139); 2º des différentes sortes d'étendue (volume, surface, ligne, point) (140-141). — Définition générale positive de la géométrie ; son objet : ramener la comparaison des volumes et des surfaces à celle des lignes, ensuite des lignes courbes aux lignes droites, enfin des lignes droites inaccessibles à d'autres accessibles (142 et seq.), — D'où trois sections fondamentales (géométrie de la ligne droite, des lignes en général, des surfaces et volumes), à étudier dans cet ordre (147).

2º Champ embrassé par chacune des trois sections fondamentales de la géométrie (149). — Caractère concret de la géométrie des anciens, ne portant que sur l'étude de cas particuliers simples : nécessité reconnue depuis Descartes de considérer toutes les formes imaginables, d'où géométrie rationnelle générale (150 et seq.) — Variétés infinies des formes géométriques conçues comme engendrées par le mouvement assujetti à des lois : d'un point pour les lignes, d'une ligne pour les surfaces, cette ligne pouvant elle-même changer de nature (150-151). — Autre mode de génération des lignes : par intersection de deux surfaces (152). — Le but général et uniforme de la géométrie, à savoir « la mesure de l'étendue » (directe ou indirecte) ne peut être atteint que par l'étude préalable des diverses propriétés de chaque ligne et de chaque surface (155). — La connaissance très étendue des propriétés de chaque forme est indispensable : 1o pour passer de la définition spontanée de cette forme à sa définition systématique qui seule rend la mesure possible ; 2o pour organiser rationnellement la relation de l'abstrait au concret (157-158) ; par exemple : reconnaître une figure d'après quelques-unes de ses propriétés (orbites des planètes).

3o **Méthode à suivre pour la fondation de la science géométrique.** — Deux méthodes possibles, d'où deux sortes de géométrie, celle des anciens, préliminaire, spéciale, dite à tort synthétique, celle des modernes, générale et définitive, dite à tort analytique (163) — Différence fondamentale, non dans l'emploi du calcul (164), mais dans la nature même des questions considérées (165). — Chez les anciens, ensemble de la géométrie essentiellement ordonné par rapport aux corps à étudier ; chez les modernes, par rapport aux phénomènes considérés (165). — Comparaison entre la géométrie des anciens et celle des modernes (165-167). — Immense supériorité de la géométrie générale (168). — La géométrie spéciale nécessairement préliminaire (171 et seq.). — La géométrie spéciale constitue une introduction rigoureusement indispensable à l'exposition de la géométrie générale (173).

BIBLIOGRAPHIE

Lettres d'Auguste Comte à M. Valat, 1815-1844, 1 vol., Paris, Dunod, juillet 1870. — Lettres d'Auguste Comte à John-Stuart Mill, 1841-1846. — *Notice sur l'œuvre et la vie d'Auguste Comte*, par le docteur Robinet, 1 vol. in-8, 3e édition, 1892, rue Monsieur-le-Prince, 10. — *De l'unité de vie et de la doctrine d'Auguste Comte*, par J.-H. Bridges, traduit de l'anglais in-8, Dunod, 1867. — M. Littré et Auguste Comte, par André Poëy, in-12, Germer-Baillère, Paris, 1879. — *Biographical History of philosophy*, by G.-H. Lewes, in-8, Parker, London, 1857. — J. Lonchampt, *Précis de la vie et des écrits d'Auguste Comte*, dans la *Revue occidentale*, 1889. — H. Gruber, S.-J. *Auguste Comte, fondateur du Positivisme*, traduit de l'allemand par l'abbé Mazoyer. Paris, Lehilleux, 1892. — *Revue occidentale*, Matériaux pour servir à la biographie d'Auguste Comte, *passim*, etc.

Châteaudun. — Imprimerie de la Société Typographique.

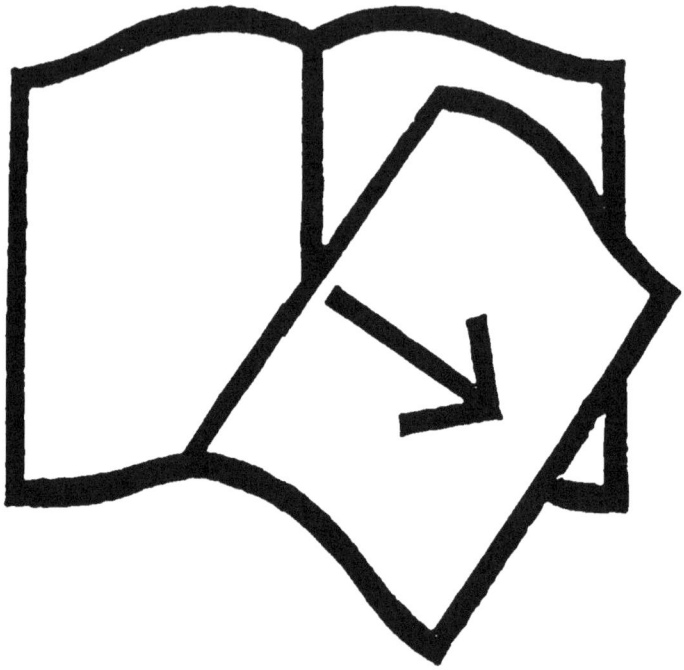

Documents manquants (pages, cahiers...)
NF Z 43-120-13

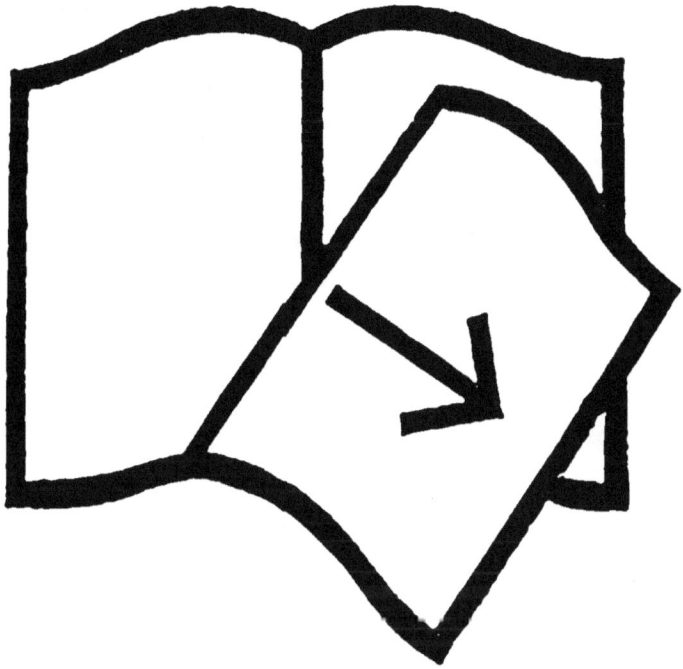

Documents manquants (pages, cahiers...)
NF Z 43-120-13

www.ingramcontent.com/pod-product-compliance
Lightning Source LLC
Chambersburg PA
CBHW071948110426
42744CB00030B/639